"十三五"国家重点出版物出版规划项目

"中国工业遗产故事"丛书

丛书主编　刘伯英　周大亚

永利铔厂故事

程薇薇　王　伟　著

南京出版传媒集团
南京出版社

图书在版编目（CIP）数据

永利铔厂故事 / 程薇薇，王伟著. -- 南京 : 南京出版社，2020.12

（中国工业遗产故事丛书 / 刘伯英，周大亚主编）

ISBN 978-7-5533-3070-9

Ⅰ. ①永… Ⅱ. ①程… ②王… Ⅲ. ①化工厂 - 工厂史 - 南京 - 青少年读物 Ⅳ. ①F426.7-49

中国版本图书馆CIP数据核字（2020）第237411号

丛 书 名 中国工业遗产故事

丛书主编 刘伯英 周大亚

书　　名 永利铔厂故事

作　　者 程薇薇 王 伟

出版发行 南京出版传媒集团

南 京 出 版 社

社址：南京市太平门街53号　　邮编：210016

网址：http://www.njcbs.cn　　电子信箱：njcbs1988@163.com

联系电话：025-83283893、83283864（营销）　025-83112257（编务）

出 版 人 项晓宁

出 品 人 卢海鸣

责任编辑 金 欣

封面设计 张 淼

版式设计 王 俊

责任印制 杨福彬

制　　版 南京新华丰制版有限公司

印　　刷 江苏扬中印刷有限公司

开　　本 787毫米×1092毫米 1/32

印　　张 4.5

字　　数 77千

版　　次 2020年12月第1版

印　　次 2020年12月第1次印刷

书　　号 ISBN 978-7-5533-3070-9

定　　价 28.00元

南京出版社
图书专营店

编 委 会

总 序

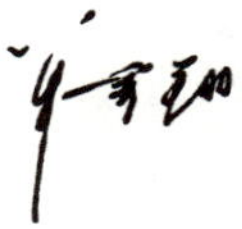

在众多的文化遗产中，“工业遗产”是一个年轻的类型。工业遗产是工业时代形成的遗产，自从 18 世纪 60 年代以蒸汽机为代表的第一次工业革命在英国爆发以来，工业文明虽然只有短短的三四百年历史，但在人类文明的发展史上，工业文明所创造的财富和对世界以及人类生活的影响，都远远超过之前几千年的总和。经过多年的开采、生产、运行，有些矿山、工厂、仓库、烟囱、管道、铁路、码头等已经失去了生产功能，但作为纪念物被保留了下来；同时还有些机器、车辆、工具、仪器、图纸、档案、照片、产品、服装等也一起保留下来，成为工业文明的历史见证和记录。

我们衡量文化遗产一般采用“历史、艺术和科学价值”这三大价值作为标准，而工业遗产在具有文化遗产的普遍特征的同时，还具有一些特殊的价值。一般来说，工业遗产具有历史、社会、建筑和科技、审美等多重价值。它与其他文化遗产的区别就是技术价值。工业遗产见证了科学技术对于工业发展所做出的突出贡献，表现在工厂矿山的选址规划、建(构)筑物的施工建设、机械设备的设计安装、生产工具的改进、工艺流程的设计布置和产品的更新等方面。从工业遗产中我们可以清晰地看到技术进步的脉络，其中既有创新、改进，当然也有失败或者弯路，这些都为后人提供了可供借鉴的经验或者教训。由于工业遗产可以直观地反映出人类社会发展的这一重要过程，工业遗产成为我们社会发展不可或缺的物证。

当你走进我国各地的博物馆，看到最多的是什么？是青铜器、陶瓷、丝绸、书画、金银玉器等精美的手工艺品，我国悠久的农业社会文明，为世界贡献了数不清、看不尽的文化瑰宝，使参观者瞬间满怀文化自豪感。从本质上说，这些都是农业时代的遗存，代表的只是我们国家在农业时代创造的文明、对世界文明发展的贡献。可是你却很少能够在我国博物馆中看到数量、规模能与上述这些农业文明时代的文化遗存相当的工业遗产。尽管工业时代是离我们最近的历史时期，工业文明创造了巨大财富，对世界以及人类生活产生了深远影响，但我们似乎忘记了给它在博物馆中留出应有的位置。

工业遗产对生活在当下或者未来的人有什么意义呢？我们说，工业遗产具有纪念、教育、文化或象征的意义。

我国工业化以来，形成了许多新的城市。例如，哈尔滨、长春、郑州、石家庄是火车轮子拉来的城市，上海、大连、青岛、秦皇岛是港口通航形成的城市，唐山、鞍山、玉门、大庆、平顶山、萍乡是矿山开采形成的城市。矿山、工厂、井架、火车头、港口是这些城市的历史符号，是老一辈人抹不去的记忆，很多家庭连续几代都在一家厂矿中工作，这些厂矿是城市的“源”，也是文化的“脉”，更是市民的“根”。

由于中国工业社会时代开始的时间晚于欧美，人们对工业遗产保护的认识需要一个接受的过程。随着城市化步伐的逐步加快，对工业遗产在拆与保、遗弃与利用之间存在着激烈的碰撞。这种碰撞不仅存在于个别地区，而且普遍存在于具有工业遗产资源的众多城市。近年来，我国伴随城市规划布局及产业结构的调整，过去的工业区大多变成了中心区，工业外迁的步伐加快，出现了大量的工业遗产。如何评估这些遗产并将其妥善保护、永续利用，已成为文化遗产保护领域一个极为紧迫的问题。

令人欣慰的是，许多具有远见卓识的地方政府，在大力推进当地经济社会可持续发展的进程中，重视工业遗产的保护，取得了令人称道的成绩。在对工业遗产保护逐渐形成共识的形势下，一批工业遗产得到了积极保护和合理利用。同时，我们也必须注意到，尽管近年来一部分工业遗产开始被列入保护之列，但是受法律保护的工业遗产项目仅占应纳入保护内容中的很小一部分。还有很多城市，特别是一些传统工业城市，还未将工业遗产保护纳入文化遗产保护范畴，还缺乏对工业遗产的总体评价和细致规划。

工业遗产的保护和利用需要公众的关注和参与。工业遗产的主人不仅是政府，每个人都是主人，只有当地居民自觉守护，才能保卫工业遗产的尊严，有尊严的工业遗产才有强盛的生命力。只有把工业遗产保护与城市文化建设，特别是与公众的生活紧密联系在一起，才能为工业遗产的保护与利用找到真正的根基，才能使工业遗产成为公众生活的组成部分，才能使工业遗产成为城市文化的内核与灵魂，也才能使城市成为工业遗产真正的家园。建设一个房地产项目，可以服务一个城市几十年，而保护好一个城市的工业遗产，或许会让一个城市受益上百年，同时也有助于提升市民的文化理念，使人们用辩证思维的方式去看待城市发展中的各种矛盾，平衡、协调、解决好各类问题。

感谢刘伯英教授等研究工业遗产的学者们，多年来为工业遗产的保护和利用开展了大量工作，使工业遗产引起了政府部门的重视。今天，他们又开拓了一片新领域，通过每一项工业遗产的详细说明与阐述，把我们的工业发展历史和其中有趣的人物、故事介绍给普通大众和青少年，引导更多的人，尤其是青少年群体对工业遗产产生兴趣，自觉地保护我们身边的工业遗产，这是一件利在当代、泽被千秋的好事。我非常愿意把这套丛书推荐给大家，特别是我们的青少年读者，为我们 5000 多年的文明史补上这极为精彩的一段，完整地看待一个悠久历史的民族，在艰难困苦中百折不回，从一个纯粹的农业国华丽转身成世界最重要的工业制造大国，树立起我们的民族自信。

单霁翔

（作者系中国文物学会会长、国家文物局原局长、故宫博物院原院长）

序言

永利铔厂是南京市江北新区大厂街道的中国石化集团南京化学工业有限公司的前身。它的创建与发展，是中国近代工业自立自强传奇历程的一个缩影，成为当时民营工业发展的典范，在我国近代化工史上占有举足轻重的地位。

永利化学工业公司铔厂在其创办之前，我国沿海各省所用肥田粉全部从英国、德国高价进口“每年进口三十万吨左右，支付外汇两千数百万元，漏卮之巨实堪惊人”。1933 年，民族资本家范旭东毅然呈文实业部，决定建设兼产合成氨、硝酸、硫酸、硫酸铵的南京永利铔厂。获得批准后，范旭东任命美国哥伦比亚大学博士毕业的侯德榜为永利铔厂厂长兼技师长（即总工程师），负责筹建。范旭东从国内外聘请了侯德榜、李佐华（Gilmer T.Lee）等一批中外顶尖化工专家，工艺技术从美国氮气公司引进，主要设备购自化工装备技术最先进的美、英、德等国，从 1934 年 7 月施工队伍进场平整土地到1937年1月产出合格硫酸，其技术达到当时国际最先进水平，肥田粉肥效能与英国卜内门“狮马”牌相当，有力地冲击了英、德两国统治中国化肥市场的局面。永利铔厂设备精良，产出的化肥填补了当时国内生产的空白。永利铔厂作为当时国内罕见的化工联合企业，远远超出了我国三十年代的整体工业水平，国人把它和美国的杜邦公司相媲美，称它为“远东第一大厂”。

1937年抗战全面爆发时，位于南京的永利铔厂投入生产尚几个月。南京铔厂的军事价值被日本人垂涎，因为其产品硝酸、硝酸铵可以用于炸药生产。这个刚刚建成的工厂已经达到国际水准，日军逼近南京时，有意将这个亚洲第一流的大厂完整吞并下来，他们通过各种不同渠道，逼范旭东就范，只要他愿意合作，就可保证工厂的安全。范旭东断然拒绝：“宁举丧，不受奠仪。”并将南京铔厂转产硝酸铵炸药和地雷壳，支援前线抗战。

遭日军3次轰炸后，永利铔厂前后中弹87枚，厂区遭严重破坏，生产被迫停止。永利铔厂西迁后，与从天津塘沽、青岛、海州西迁的“永久黄”企业选定四川五通桥创办永利川厂，奠定了中国华西化工基地的地位。

1942年，日本发动太平洋战争后，为扩大军工生产，下令将该厂生产硝酸的全套设备强行拆卸，运往日本九州，安装在大牟田东洋高压株式会社横须工厂。抗战胜利后，侯德榜两度赴东京，积极索赔、据理力争，1948年3月27

日，除铂金网之外的1482件设备，终于由“海鄂”号装载回国，4月11日到达南京铔厂。

中华人民共和国成立前夕，中共永利铔厂支部提出“护厂保家，迎接解放”的号召，积极配合人民解放军接管永利铔厂。1949年4月21日下午，带着毛主席关于“对付永利铔厂守敌，只能诱之野外歼灭，不能强攻，不能硬打。如果毁坏了永利铔厂就毁了半个南京城”的指示，人民解放军占领凤凰山，经短暂战斗，胜利进驻永利铔厂。

1950年后，铔厂职工削减工资、捐款捐物为国分忧，研发新技术、新设备，振兴民族工业，使得永利铔厂焕发出新的生机和活力。1951年自行研制出A1型氨合成催化剂和V2型钒催化剂。之后，铔厂职工用自己的力量造出了中国第一台高压容器，取得了设备制造工业技术上的重大突破，一举终结了我国不能生产制造压力容器的历史。

中国第一袋化肥、第一包催化剂、第一台高压容器以及第一套合成氨、硫酸、硝酸等装置都在永利铔厂诞生，先后创造了30多项“中国化工之最”，为我国经济发展做出了巨大贡献，被誉为中国化学工业的摇篮。它的发展历程在我国鼎盛的大工业时代留下了不可磨灭的印记，是近代工业的缩影。

永利铔厂的经历，就像它的创办人范旭东一样，充满着传奇色彩。这座工厂见证了抗日战争那段烽火连天的岁月，也在新中国的建设中浴火重生。当范旭东去世时，《新华日报》发表文章说：“范先生的半生坎坷，象征了数十年来中国民族工业的坎坷！中国如不能独立自主，中国政治如不能走上民主的道路，则民族工业是没有方法发展的……假如范先生的心血是灌溉在民主国家的土壤里，他们的果实一定比现在更加丰硕，更加美丽！”永利铔厂如此，化学工业也如此，强国之路需要一代一代人的不懈奋斗。

目 录

一 远东第一的永利铔厂 …… 001

二 宁举丧，不受奠仪——

抗战期间铔厂工人的护厂 …… 012

三 一次特殊捐款背后的抗战故事 …… 021

四 如果毁坏了永利铔厂，就毁了半个南京城 …… 028

五 中国民族化学工业之父——范旭东 …… 034

六 中国制碱第一人——侯德榜 …… 042

七 中国工业用催化剂行业的开拓者—余祖熙 …… 052

八 为祖国工业建设奋斗终身的李承干 …… 058

九 1937年春天那第一场“雪”——

中国第一袋化肥在南京诞生 …… 065

十 用自己的力量造中国第一台高压容器 …… 070

十一 一台压缩机、百年工业抗争史 …… 078

十二 承载着传奇故事的硝酸塔 …… 084

十三 最大的尿素合成塔在这里诞生 …… 091

十四 从化工摇篮到化工基地 …… 096

十五 独具特色的永利铔厂工业建筑 …… 104

十六 卸甲甸的两大运输通道——

码头和铁路专用线 …… 111

十七 “红三角”——

中国第一代硫酸铵的标志 …… 117

主要参考资料 …… 122

后 记 …… 124

一　远东第一的永利铔厂

在南京六合有一个名叫“卸甲甸”的地方。相传楚汉相争时，楚霸王项羽率领江东子弟西征经过，被这里的美丽风景所吸引，下令执坚披甲的士兵在此卸甲休整，“卸甲甸”因此得名。在这不寻常的江甸畔，注定要激荡历史风云，要书写中华民族的苦难与辉煌，要成为鲲鹏展翅的灵秀宝地。

在项羽卸甲2000多年后的1934年，“工业先导”范旭东和化工专家侯德榜带领团队在这块土地上再次激荡历史风云，在这里书写了一段中国化工史上的传奇篇章。此前，满怀实业救国凌云壮志的范旭东，在1914年创建了久大精盐公司，构筑了民族资本实业救国的起点，1924年8月塘沽碱厂正式投产，为中国最初的纯碱和烧碱工业开创了事业基础。此时，范旭东站在卸甲甸的江岸边，看着滚滚东去的长江水意味深长地说：“我国有了纯碱、烧碱还只能说有了一只脚，要等有了硫酸、硝酸，才算有了两只脚，我国化学工业才可以阔步前进。”

辛亥革命特别是九一八事变以后，国民政府深刻意识到建设化学工业对国民经济和国防基础的重要性。我国是一个农业大国，也是化学肥料消费大国，20 世纪初，我国庞大的化肥市场为英德垄断，为摆脱对国外市场的依赖，由于国力和技术所限，国民政府曾与在国内从事化肥贸易的外商洽谈合办硫酸铔厂，前后耗费两年光阴，但外商根本目的是为了把持中国市场，与中国实现基本工业国产化的宗旨背道而驰，最终未成。范旭东曾说过：“这个结果双方当然都很失望，却同时给我方一个极堪宝贵的省悟，就是大家从此沉下心来，认识了自己，断定中国要办基本工业，惟有中国人自己来，资本和技术固然极难，必须‘知难而进’才能打胜，这个省悟是激励永利同仁毅然肩负重任的原动力。”

1933 年 11 月 28 日，“鉴于内外情势不容再事观望”范旭东决定呈请实业部由永利公司集股自办。国民政府实业部回复确定硫酸铔厂由永利公司这家民族资本企业独自承担。得知这一情况后，范旭东兴奋地说：“政府的目的，在启发中国的化学工业，英德为的是把持市场，完全是背道而驰，而外人用意又比较深刻，大有不成功不放手的气势，我们同仁本着良心的驱使，毅然决然排除一切困难，把这民生国计相关的基本工业，从虎口夺了回来，就国家全局上说，这当然是有重大意义。”

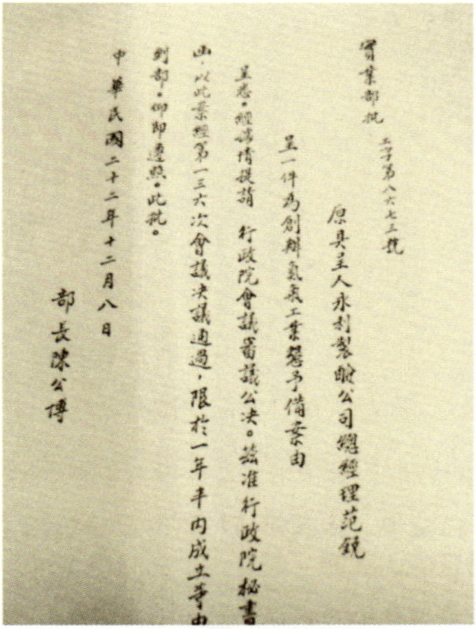
實業部批　工字第八六七三號
原具呈人永利製鹼公司總經理范銳
呈一件為創辦氮氣工業懇予備案由
呈悉。經將情提請　行政院會議審議公決。茲准行政院秘書
函，以此案經第一三六次會議決議通過，限於一年半內成立等由
到部。仰即遵照。此批。
中華民國二十二年十二月八日
部長陳公博

国民政府实业部批文

在不久后的1933年12月8日，实业部转发行政院第136次会议决定，核准永利碱业公司经理范旭东先生承办硫酸厂事业，并限于动工后两年半建成。1934年3月28日，永利制碱公司在天津召开临时股东会，组织力量着手筹建硫酸铔厂。为了筹集足够的资金，范旭东一方面将永利制碱公司改组扩充为永利化学工业公司，以该公司全部资本500万银元充硫酸铔厂之资本，另一方面以借贷抵押方式从中国、金城等四家银行借贷1200万银元，共筹得1700万银元用于铔厂建设。

筹措资金之余，范旭东对铔厂的选址和邻近资源情况进行了认真调查研究，并派侯德榜等到上海、南京、马鞍山、株洲等地进行实地复勘。综合比较各种因素，最终将厂址定于南京六合卸甲甸。“卸甲甸属六合县治，距浦口有13公里之路，距浦镇金汤门23公里。此为直线距离，若铺

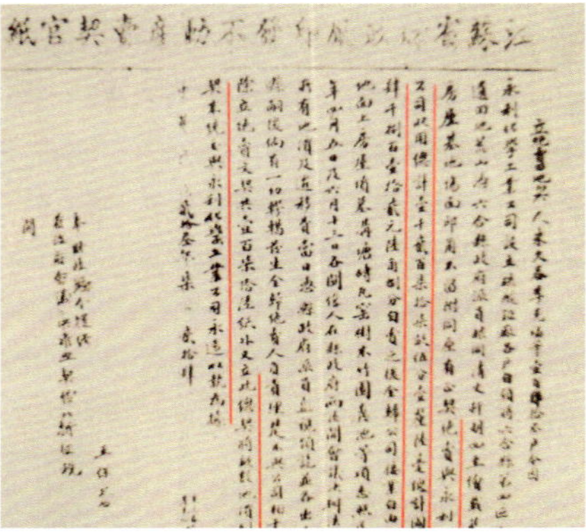

永利铔厂购地官契

设铁道，绕山而行，约30公里……卸甲甸与关帝庙之地洪水未曾淹过，对面为八卦洲，前面之港甚深，海洋往来之轮船可以停泊。该两处之地，不需垫高，只需铺平，前面码头设计须先详细考虑，闻该处地价每亩不过二三十元云。但近因到该处勘查者多，乡人颇有居奇之念……卸甲甸附近之地背山而面水，高虽不过二、三丈，而铁道需择山腰穿过，不免需施挖山工程。其地产黏土，乡民有烧砖为业者，将来对于建筑有利便之处……卸甲甸原为实业部建设钢厂之所……但沿江之地低洼，公路与铁路修筑均有困难，盖该处之土不易罗致，土方工程浩大……”

资金和厂址问题解决后，困难最后集中到技术问题上。当时，国内已具备一些有利条件，但仍面临着一大堆困难。建厂之初，鉴于制酸工艺复杂，对设备要求高，为确保铔厂工程质量，范旭东派侯德榜等人赴美学习制酸技术和订购设备。在侯德榜出国前，范旭东和他进行了一次长谈，并嘱咐道：“这次向世界各国订购设备，事情繁重。我们必须从质量、速度、价格三方面综合考虑，择优而行。但是，日本帝国主义侵占我国东北已经三年了。现在热河又陷入敌手，华北局势急剧变化，大敌当前，我们即使遇到优质、快速、价廉的日本货也不应该要，不能贪小利而失了民族大义。”

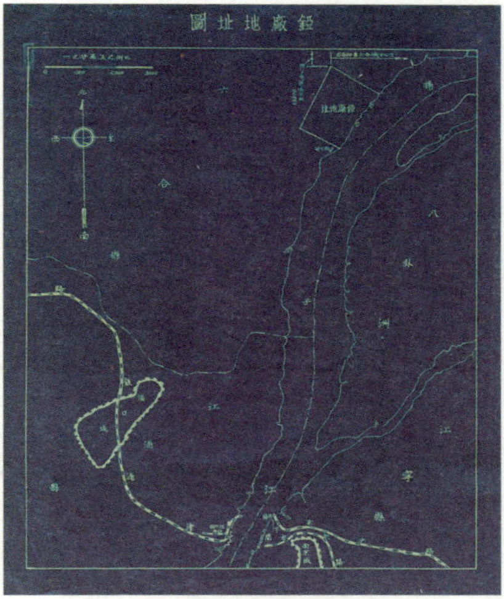

永利铔厂选址图

为了解决永利铔厂技术来源，1934 年 4 月 8 日，侯德榜先生率领塘沽娴熟技术专员张子丰、章怀西、许奎俊、杨运珊、侯敬思共 6 人远涉重洋赴美洽谈硫酸铔厂设计合同、设备采购及人员培训事宜，并赴相关硫酸铔厂实地考察，学习借鉴海外企业的成功经验。侯德榜先后与美国氮气公司、法国克劳特公司、意大利福塞尔公司和意大利卡塞尔公司进行洽谈，价比多家，优中择优。经过几轮比较，美国氮气公司的优势明显，但达成最终协议是异常艰难的。侯德榜事前做足了功课，采用了投石问路、欲擒故纵的智慧，经过艰苦努力，多轮商谈，美国氮气公司在取消诸多专利限制的前提下，将该公司的设计费由 19 万美元降到 10.2 万美元。最终，侯德榜与美国氮气工业公司签订了采用当时世界最先进的“哈伯法”生产工艺

永利铔厂建厂时运送进口设备的货轮

◎小贴士

哈伯法：也称哈伯－博施法，是一种通过氮气及氢气产生氨气（NH_3）的方法。1908年由德国化学家弗里茨·哈伯实验成功。1910年，卡尔·博施于德国巴斯夫化学公司工作时，成功把这个实验商业化，使之符合成本效益。这个实验最早期于1911年被德军于第一次世界大战使用。之前，德国要制作氨气需要从智利进口硝酸钠，但由于战争使其供应不稳定。哈伯亦以此项发明获得1918年诺贝尔化学奖。

设计合同，最大限度地维护永利铔厂的利益。美国氮气公司总经理蒲柏事后曾戏称：“侯德榜真是不易与之交涉者也！”

这座远东当时最大的化工厂，从 1934 年开始动工建厂到 1937 年 2 月正式投产，总共用了两年半的时间。

1934 年 9 月 18 日，范旭东（前排右五）与铔厂职工及实业部资源委员会来宾合影

侯德榜等人留美期间，美国氮气公司介绍在美、德的永利公司技术人员到相关各厂实习，侯德榜则集中部分人力专事采购。为了节省资金，创建永利铔厂时范旭东还决策制定了“不引进成套设备，只引进关键设备，自己能做的自力更生”的方略。在采购过程中“凡机器设备之能自造者，皆在厂中制造；机器设备必须由外洋输入者，曾经多方推敲，考其得失，择其优良，设备之有专利秘密性质者，又不惜巨资收买之……”从德国、美国、英国及瑞典等地采购的循环机、铜洗设备、合成塔、冰机、造气机、鼓风机、锅炉、不锈钢的硝酸设备等当时世界上最先进的机件，充分保证了永利铔厂的工程质量和技术先进程度。侯德榜

等技术人员从700多张全厂设计图样中一张张比对、审查，从来自美国、德国、英国、瑞典等国的3万余封关键设备报价单中，一台台进行参数计算、校核。选购的多国设备型号规格繁多，性能各异，然而经过精心设计、细致安装，竟然与在中国本土制造的设备能够准确配套，严丝合缝，未出现任何安装问题。精益、严谨的施工安装就是永利铔厂人对科学信条和负责精神的生动诠释！

当侯德榜在国外忙于设备采购工作时，范旭东在国内带领永利同仁投入到硫酸铔厂的基建工程之中。1935年1

建成后的永利铔厂厂房

月兴建江边码头，厂基填土工程完成，并修筑了公路，铔厂的建设也在进行中；2 月，美国氮气工业公司三名技师来华，监督厂屋机件建设；5 月，国外订购设备陆续运抵南京，开始组装；9 月底，两座大气柜、起重码头均已落成；年底，建成铁工厂、翻砂厂，安装贮铔液桶七座、储硫酸桶两座。与此同时，国外实习人员陆续回国，从事各机件的安装工作。1936 年 12 月，贮气柜、压缩部、合成部、精炼部、硝酸厂、硝酸铔厂、冷水塔等工程全部完成；1937 年 1 月，南京永利铔厂正式竣工。

竣工后的铔厂由氨厂、硫酸厂和硫酸铔厂三部分组成，以其规模和一流的人才、技术令中外瞩目，国人把它和美国的杜邦公司相媲美，称它为“远东第一大厂”。它的设立，奠定了中国化肥工业的基础，打破了英德垄断中国市场的局面。同时，铔厂的建成也带动了六合卸甲甸一带的发展，该地区也因永利铔厂的建立，被称为“大厂”，而“卸甲甸”这个因一代枭雄项羽而来的老地名反而被淡忘了。

当时的报道曾这样描述：“由下关乘该公司汽轮到厂参观，则于船中遥望卸甲甸数千公尺江岸硫酸铔厂建筑物，连云江上，气象森森，令人对中国化学工业前途，有特殊兴奋焉！”曾经到苏联、日本和欧洲许多国家建设过同类工厂的美方顾问托马斯感慨：“和我在世界各地参加过的同类型工程相比，在工程进展速度和质量两个方面，中国

1937 年侯德榜陪同来宾参观永利碱厂

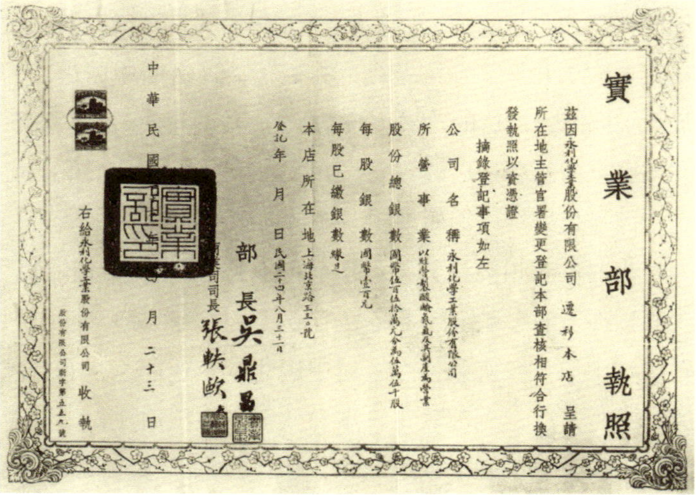

實業部執照

茲因永利化學工業股份有限公司 遷移本店 呈請
所在地主管官署變更登記本部查核相符合行換
發執照以資憑證
摘錄登記事項如左
公司名稱 永利化學工業股份有限公司
所營事業 以鹽製酸鹼氣氮及其副產為營業
股份總銀數 國幣伍百伍拾萬元分為伍萬伍千股
每股銀數 國幣壹百元
每股已繳銀數 繳足
本店所在地 上海北京路三三〇號
登記年月日 民國二十四年八月三十一日
部長 吳鼎昌
商業司司長 張軼歐
中華民國 年 月 二十三 日
右給永利化學工業股份有限公司 收執
股份有限公司新字第五五八號

实业部颁发给永利碱厂的执照

稳居第一。”

在永利铔厂建成剪彩之日，范旭东和嘉宾们一起走上最高建筑，纵览全厂壮观景色，远眺滚滚长江，面对欢呼雀跃的同仁，无比感慨地说：“中国基本化工的两翼——酸与碱已经长成，任凭中国化工翱翔，不再怕基本原料缺乏的恐慌了。”随着永利铔厂如期在南京卸甲甸建成投产，从此中国化工双脚落地，两翼奋飞。这段光荣的历史永远载入中华民族史册，范旭东、侯德榜等先贤的伟业镌刻在了“十朝都会”的大地上。

二 宁举丧，不受奠仪——抗战期间铔厂工人的护厂

1937 年七七事变后不久，天津、塘沽沦陷，永利碱厂等被日军占领。在天津做出全面安排后，范旭东乘津浦铁路最后一趟列车南下，开始了抗战期间艰苦卓绝的迁厂之路。

1937 年抗战全面爆发时，南京的永利铔厂投入生产才几个月。为支持抗战，范旭东组织铔厂员工赶制军需原料硝酸铵，以供军方制造炸药，并由铁工厂制造地雷壳、军

永利铔厂全景照片（1937 年）

用铁锹和飞机尾翼。范旭东等人身体力行，激起全厂职工抗日救国热情，他们日夜赶制炸药原料，送往金陵兵工厂，直到日军逼近南京。

永利铔厂厂区大道（1937 年）

1937 年南京沦陷前夕，日本侵略者就对永利铔厂的酸碱技术垂涎三尺，通过各种手段，威胁利诱，要与范旭东合作，妄图吞并永利铔厂，提出“只要合作，即可保全”。范旭东断然拒绝，凛然陈词：“宁举丧，不受奠仪。”他从民族大义出发，和工厂领导层发下誓言：“宁肯为工厂开追悼会，坚决不与侵略者合作。”

◎小贴士

硝酸铵：一种铵盐，别名硝铵，呈无色无臭的透明晶体或白色晶体，极易溶于水，易吸湿结块，溶解时吸收大量热。受猛烈撞击或受热爆炸性分解，遇碱分解。它是一种氧化剂，农业上用作肥料，总氮量在 34% 左右，有速效性肥料之称，军事上大量用于制造无烟火药，化学工业用于制造笑气、医用维生素 B，轻工业制造无碱玻璃。

利诱阴谋未遂，日军便将永利铔厂纳入重点轰炸范围。1937年8月21日凌晨4点，6架日本飞机在江色朦胧之中，向永利铔厂进攻，投弹十余枚，扬长而去。硝烟弥漫，情况危急，但侯德榜等管理人员依然镇定自若，一面继续维持生产，一面组织人员抢修设备。敌机频繁空袭沪宁地区，永利铔厂防空警报不时响起，但职工们仍坚持生产。据《钩沉——“永久黄”团体历史珍贵资料选编》记载，当时身在香港的范旭东发来电报：“电悉敌不惜再三来袭，足见本厂与民生国计关系之密切，物质损失何足萦怀，全员平

遭受日军轰炸的永利铔厂厂房和设备

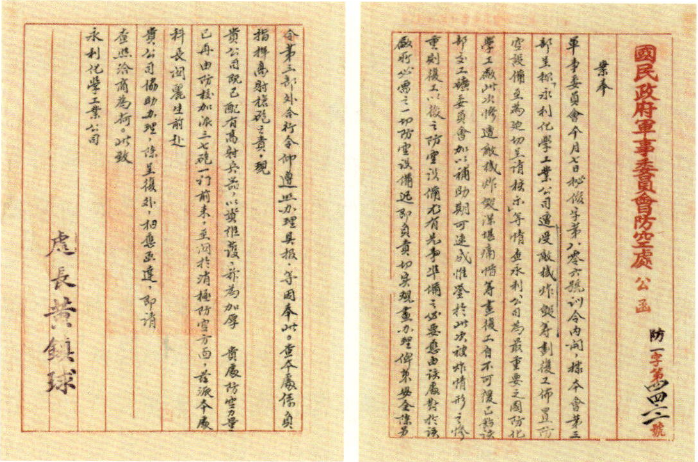

國民政府軍事委員會防空處 公函

防一字第四四二號

案奉

軍事委員會今月七日秘儉字第八零六號訓令內開：據本會第三部呈稱，永利化學工業公司迭受敵機炸毀，籌劃復工佈置防空設備至為迫切，呈請核示等情，查永利公司為最重要之國防化學工廠，此次慘遭敵機炸毀，深堪痛惜，籌畫復工自不可緩，已飭該部全工礦委員會加以補助，期可速成，惟鑒於此次被炸情形之慘重，則復工以後之防空設備尤有先事準備之必要，應由該處對於該廠所必需之一切防空設備迅即負責切實規畫辦理，俾策安全，除另令第三部外，合行令仰遵照辦理具報，等因，奉此。查本處係負指揮高射炮之責，現

貴公司既已配有高射兵器，以資維護，亦為加厚 貴處防空力量已再由防校加派三七炮一門前來，至關於消極防空方面，茲派本處科長阎麗生前赴

貴公司協助辦理，除呈復外，相應函達，即請

查照洽商為荷。此致

永利化學工業公司

處長黃鎮球

国民政府军事委员会防空处要求加强永利铔厂防空部署的函

安是所至慰。吾辈当以最大忍耐与信心，克服一切困难，为祖国化工尽瘁至敌人屈服而后已，幸毋悲愤，仍当努力恢复工作。”

9 月 27 日，日军又一次出动 9 架飞机轰炸永利铔厂，投弹 16 枚，木工房、铁工房中弹数枚。10 月 9 日，范旭东冒险亲临永利铔厂慰问视察；10 月 21 日，大批日机对永利铔厂进行第三次疯狂轰炸，硫酸厂、大气柜、变换工段、触媒车间、动力车间附近中弹最多。一个月中，永利铔厂共中弹 87 枚，厂房设备遭到严重破坏，生产不得不全面停止。

《拉贝日记》里对日军轰炸永利铔厂有过一段记载：

10 月 24 日

星期日，一碧如洗的天空。韩（湘琳）先生和他的朋友们真的搞错了，10 时 30 分响起了警报。在城南和城北，炸弹和榴霰弹再一次雨点般地密集落下。事后据顾问们告诉我，我们经历了一种形式的周年纪念日：昨天在南京投下了第 700 枚炸弹。绝大多数炸弹落在城南的飞机场。11 时 55 分，危险过去了，余下的时间是平静的。我和沃尔特马德散了一会儿步。我们发现，在中国老板开的所谓的德国肉店的橱窗里放有爱福牌啤酒，我们赶紧把库存的 9 瓶全买了下来。埃利卡 · 布瑟幸福的未婚夫克勒格尔来探望我们，我们一同喝了咖啡，一起度过了愉快的几个小时。司机刘每当遇上警报时，为了赶快回家去，就会开“惊慌快车”。汽车减震弹簧终于在开“惊慌快车”时断掉了，汽车不得不再送去修理。我们还听说，永利铔厂在上次轰炸时受到了严重破坏，已不再需要用电厂的电了，因为该厂已不得不停产。看来他们也想使还没有恢复的电厂再次停工。

随后，范旭东宣布凡是能带走的机器、零件、图样都抢运西迁，搬不走的也要将仪表拆下，埋起来或扔进长江。范旭东在给侯德榜的信中叹息：“此番国难，本公司二十余年事业基础彻底崩坏，而同事员工流离失职，尤极痛心。

为保存事业命脉，弟固不辞一切艰辛，力求复兴……”

当时铔厂物料库的管理员王占清，因河北家乡已沦陷，暂未返乡，他担心库存的30吨优质铜材会毁于一旦，于是和工友周自求、崔荣坤、刘清文等商量，也学范总那样，埋！他们选择总库边一块不引人注意的狭长空地，每日白天躲空袭，夜里秘密挖大坑，经过3个通宵的奋战，挖出了一个5米长、2米宽、3米深的大坑，又连续3夜搬运铜材掩埋，将这30吨优质铜神不知鬼不觉地埋藏起来，大坑上面覆土填实，撒上煤渣，俨然是一条荒僻小径。日军进厂后直至宣布投降，整整8年，他们也没有发现这深藏的秘密。

1937年11月21日，永利铔厂80名职员第一批离厂，乘太古公司“武昌”号轮船护送机件去汉口。22日，傅冰芝率领永利铔厂第二批职员搭驳船西上。12月2日，侯德榜率领职员周自求、江国栋等10人及工匠20余人，经过两昼夜努力拆除机件，装载太古公司“黄埔”号轮船西行，于5日抵达汉口。永利铔厂职员除少量留守者外，其他全部撤出南京。12月8日，职员林文彪、寿乐、周自求、王杰如、张镛、程秀标6人奉范旭东之命，乘太古公司“黄埔”号轮船由汉口东下，准备回厂迁移未转移机件和材料，后因南京已沦陷，无奈未能完成使命，于炮火中冒险绕经和县徒步千余里于24日回到汉口。其间，12月14日，敌舰停靠永利铔厂，日军陆战队登岸焚烧厂房，“巍巍十余丈之凉水塔及除气塔，从此毁灭不见矣”。

1938年初，在日本当局的策划下，日本军方“委托”日本三井物产公司和东洋高压工业社，强行吞并永利铔厂，该厂彻底沦入敌手。日军在工厂的东西南北四个厂门各修建高20米的日式碉堡一座，驻军警卫。1939年，又以“中日合办”的名义，改铔厂名为“永礼化学工业株式会社浦口工业所硫铵工场”，年产硫酸铵数十万吨，掠夺中国原料，强征廉价劳力，强迫生产所需军火，粗使滥用设备，整座工厂千疮百孔。

1942年，日本发动太平洋战争，为扩大军工生产，下令将铔厂生产硝酸的全套设备，包括8座吸收塔、1座氧化塔、1座浓硝塔等，共计28套设备1482件，强行拆卸，运往日本九州，安装在大牟田东洋高压株式会社横须工厂，用于军事生产。

永利铔厂西迁后，与从天津塘沽、青岛、海州西迁的“永久黄”（指范旭东创办的永利化学工业公司、久大精盐公司、黄海化学工业研究社）团体同仁会聚，于1938年底迁到新辟的化工基地——四川五通桥老龙坝，进行重建，由此奠定了中国华西化工基地的地位。然而抗战期间，永利企业资金非常困难，几乎靠借债来度日，但是范旭东深知永利技术人才对国家化工业的重要性，郑重强调：“就是大家在一个锅里掏稀粥喝，也不能散。”为了不让人才流失，

“永久黄”集团职员的合影（前排右五为范旭东，右四是总工程师、“首席科学家”侯德榜）

企业采取了全养政策，为了解决大后方物价飞涨所带来的冲击，采用米贴制度，帮助职工组织生产消费合作社，并修建了简易宿舍和小学，保障了职工基本生活。

“坚守岗位，多做实事，向前努力，为我们的事业，做一颗民族复兴的种子。”范旭东的勉励之语成为职员的工作动力所在。虽然生活异常清苦，但员工都不愿为高工资去别处工作。范旭东秉承着深厚的爱国情怀，与广大员工同舟共济，使得企业在后方逐步复兴。

1943 年后，抗战形势逐渐在发生变化，在战争的相持状态中人们已经看到了一点胜利的曙光。永利人也不例外，他们敏锐地看到了战争一旦结束，重建工作将大规模启动，他们不能失去这个先机。永利公司在 1943 年 9 月 26 日给国民政府军事委员会的信中写道：“为争取时间，必当及早准备，尤以国外设计采购部分为最重要，一旦停战，各国势必倾全力于复兴，彼时器材之迫切需要或甚于现金。”

永利人的认识是有前瞻性的，作为当时中国化工的领头企业，它不仅要为自身的发展考虑，也担负着推动中国工业发展的重任，永利有强烈的民族振兴意识。所以，他们在布局未来的蓝图中已经有了创办“十厂计划”的清晰规划：“公司计划停战后 5 年之内，拟择西南、西北原料丰富，农工业急待开发区域添设硫酸铔厂 4 所，每年产量共 50 万吨；纯碱厂 2 所，每年产量共 12 万吨；炼焦厂 4 所，每年产量共 24 万吨。所产焦炭专供铔、碱厂自用，而以其副产品制成炸药、染料及药品，以树立中国煤膏工业之始基。三种工业互相联系作用，是为基本化工。”要建设的 10 个工厂包括扩充塘沽碱厂、修复南京铔厂、完成川厂工程、建设南京塑形厂、建设株洲水泥厂、建设青岛电解厂、修建株洲硫酸铔厂、建设南京新法碱厂、建设上海玻璃厂、建设株洲煤焦厂等，而这些厂就是为今后中国化工做的重要基础工作。

三　一次特殊捐款背后的抗战故事

1937 年 9 月 16 日的《中央日报》曾刊载了永利化学工业公司南京铔厂全体职工捐款慰恤中国空军勇士阎海文烈士家属的报道。在铔厂的档案中，还珍藏着中国空军前敌总指挥部所写的捐款收据和一封情真意切的感谢函。捐款的背后究竟有着怎样的历史和故事呢?

阎海文

1937 年全面抗战爆发后，日军凭借其优势的航空兵力对中国狂轰滥炸，企图逼迫中国军民屈服。面对日本侵略者的疯狂侵略，在敌强我弱的情况下，中国军民奋起抗争，英勇地投入了抗日战场，同占绝对优势的日军进行殊死拼搏。1937 年，100 多名中国空军勇士就付出了年轻宝贵的生命，阎海文就是其中的杰出代表。

阎海文生于辽宁省北镇县的一个普通农民家庭。家里兄弟五人，阎海文排行第三。父亲笃实忠厚，乡里称为长者。因受父母的熏陶，他自幼养成刻苦耐劳的习惯，性格耿直，讲信义，重承诺，他很喜欢运动，体格健壮。

1931 年九一八事变，日本侵占了东三省。15 岁的他就饱尝了国破家亡之痛。目睹敌人的暴行，他满腔愤慨，虽深怀报国之志，但却一时无法实现。1932 年冬，他前往热河的军中做救亡工作。这次军中的实践让他深感要救国，就必须有专长，不能逞匹夫之勇。

1934 年高中毕业后，阎海文报考了中央陆军军官学校

笕桥中央航校大门

阎海文的飞行员军官证

和中央航空学校，以优异的成绩同时被录取。目睹日本飞机对中国的狂轰滥炸，他想到了战争中飞机才是最优越的武器，空军对战争起到了陆军无法比拟的重要作用。最终，他决定进航校做一名飞行战士。

他在中央航校第 6 期学习飞行期间遵守纪律、服从命令，行为规范。他学习飞行技术尤为勤恳，不放松一时一刻，甚至在睡梦中还喃喃自语教官日间指示的动作。他不但注重学习，而且很重视品德的修养和意志的磨炼，培养远大的志向。他曾在自传中写道："要修成高尚的人格，洁白的心地，健旺的体魄，坚忍不拔的精神，丰富的学识，有纯正品行和奋斗精神，做个为国为民的好青年。"

1936 年 10 月，阎海文毕业后任中国空军第 5 大队第

◎小贴士

中国空军前敌总指挥部：又称空军总指挥部，卢沟桥事变后为作战指挥方便而设立。周至柔任总指挥，毛邦初任副总指挥，张有谷任参谋长。1937 年 8 月，为应对淞沪局势，又增设了空军第一军区司令部，由沈得燮任司令，石邦藩任参谋长，下辖 9 个大队，5 个独立暂编中队和 1 个暂编教官大队。

25 中队少尉，驻守南昌。

1937 年日军发动卢沟桥事变，平津随即沦陷，长江下游的形势也随之紧张。同年 8 月 7 日，空军第 25 中队从南昌移驻江苏淮阴。8 月 13 日，淞沪会战爆发，8 月 14 日，25 中队移驻扬州，负责首都南京的防空，同时也支援淞沪前线，配合陆军作战。此后，第 25 中队奉命执行轰炸日本海军停泊在上海附近的军舰、黄浦江边日本海军陆战队司令部及日军阵地等任务。

1937 年 8 月 17 日，阎海文所属中队奉命以霍克 3 型飞机 8 架，每机携带 18 公斤炸弹 6 枚，直航上海虹口，轰炸日本海军陆战队司令部。阎海文积极求战，他慷慨激昂地对队长说：“我是一个流亡者。我要打回老家去，要为东北 3000 万同胞报仇。”得到批准后，阎海文驾驶 2510 号飞机与其余飞机于当天 11 时到达目标上空，随即俯冲投弹。阎海文和战友们配合默契，凭着高超的驾驶技术，开战就取得了良好的战绩。

激战中，阎海文座机不幸被日军的高射炮击中，脱离了队伍，机尾逐渐冒出浓烟来。无奈之下，阎海文只有跳伞，却因风向稍偏，落入敌军阵地。数十名日军由四面包围而来，高声叫嚣着：“活捉支那飞行员！”阎海文沉着应对、英勇抵抗，拔出所配手枪连毙数名日军。最后仅剩下一粒子弹，而此时数名日军步步逼近，迫使他投降。阎海文从容走出，昂首挺立，高声怒吼：“中国无被俘空军！”他用最后一粒子弹对准自己的太阳穴射击，壮烈殉国，牺牲时年仅 21 岁。

阎海文烈士牺牲的当天，日军为他立碑“支那空军勇士之墓”，并下令厚葬。1937 年 9 月 1 日，日本大阪《每日新闻》上海特派员木村毅氏向日本国内发回一则报道，在日本国内引起了强烈反响。感佩至极的木村在文中叹道：“我将士本拟生擒，但对此悲壮之最后，不能不深表敬意而厚加葬殓……此少年空军勇士之亡，虽如苞蕾摧残，遗香不允，然此多情多恨，深情向往之心情，虽为敌军，亦不能不令我军将士一掬同情之泪也。”文章最后甚至惊呼：“中国已非昔日之支那！”1937 年 10 月，日本东京新宿区举办了“中国空军勇士之友阎海文展览会”。展出了 8 月 17 日阎海文所使用的降落伞，他生前穿过的飞行服和手枪等遗物。20 多天的时间里，参观者络绎不绝。一向崇尚武力的日本人似乎全然忘了英雄的国籍、身份，一张张面孔上

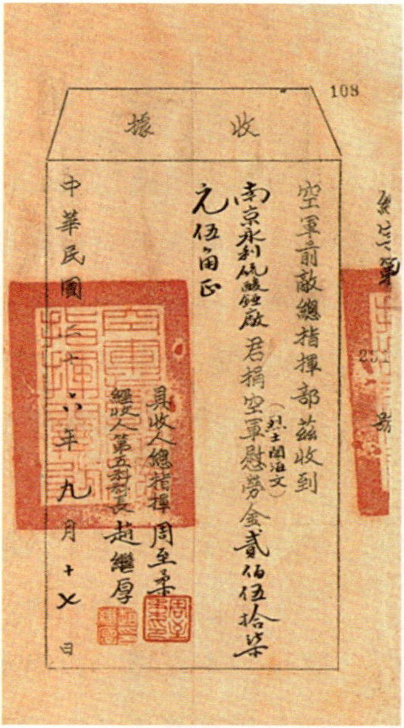
108
收據
空軍前敵總指揮部茲收到
南京永利硫酸錏廠 君捐（烈士閻海文）空軍慰勞金貳佰伍拾柒
元伍角正
具收人總指揮 周至柔
經收人第五科科長 趙繼厚
中華民國二十六年九月十七日

南京永利铔厂的捐款给阎海文烈士亲属的收据

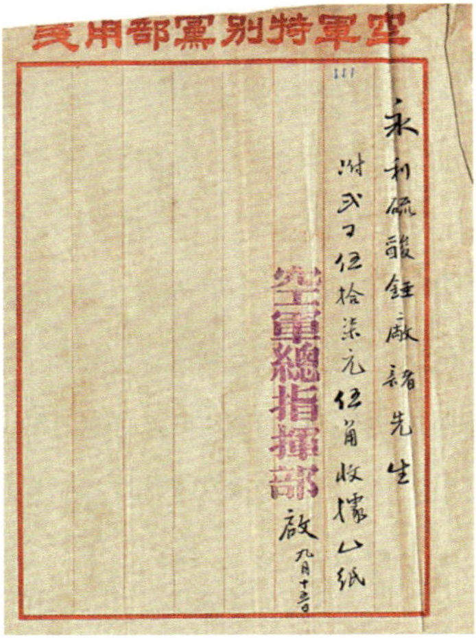

空軍特別黨部用箋

111

永利硫酸錏廠諸先生

附貳百伍拾柒元伍角收據一紙

空軍總指揮部 啟

九月十三日

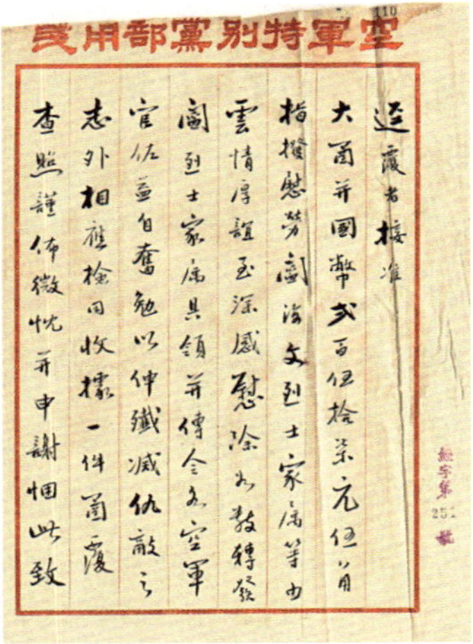

空軍特別黨部用箋

110

逕啟者，接准

大函并國幣貳百伍拾柒元伍角

指撥慰勞閻海文烈士家屬等由

雲情厚誼，至深感慰，除如數轉發

閻烈士家屬具領并傳令各空軍

官佐益自奮勉以伸殲滅仇敵之

志外，相應檢同收據一件函覆

查照，謹佈微忱，并申謝悃，此致

空军总指挥部专门发函感谢铔厂全体职工的捐款

无不充满敬意。甚至有人为他惋惜、落泪……

阎海文的英勇不屈不仅震慑了敌军，更鼓舞了中国军民不惧强敌、团结抗战。在烈士牺牲的当日，中国空军第5大队第25中队副中队长董明德再率8架飞机赴上海虹口，把炸弹投入敌军阵地，为阎海文复仇，日军死伤惨重。

阎海文宁死不屈、为国牺牲的精神成为中华民族的国魂，深深感动了无数国人。在听闻烈士宁死不屈、壮烈殉国的事迹后，永利铔厂全体职工深受烈士精神的鼓舞，捐款给烈士亲属，以慰英雄，以表达崇敬和钦佩之情。空军前敌指挥部不久收到南京永利铔厂的慰劳金257元5角。为此，空军总指挥部专门发函给铔厂全体职工，不仅感谢

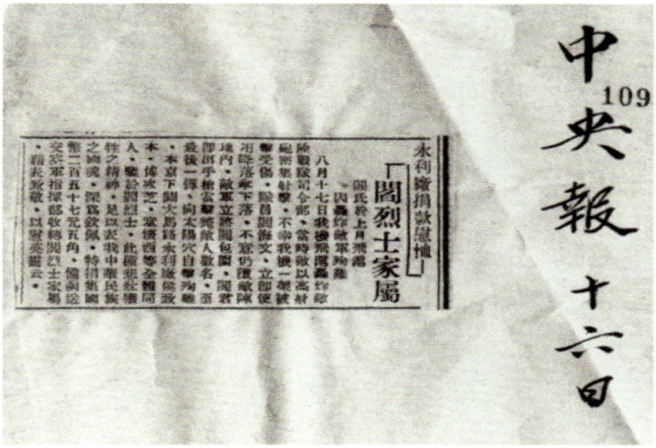

民国《中央日报》刊载《永利厂捐款慰恤阎烈士家属》

对他们捐款的深情厚谊，还将此次捐款告知所有中国空军官兵，鼓励他们奋勇抗战，保家卫国。此次捐款还在1937年9月16日的《中央日报》专门做了报道。

抗战爆发后，前方将士奋勇杀敌、保家卫国的同时，在后方的各阶层同胞也以力所能及的各种形式支援抗战。正是铔厂全体职工对国家的这份忠诚和挚爱，使他们和空军英烈阎海文有了交集。

四 如果毁坏了永利铔厂，就毁了半个南京城

1948年末，国民党败局已定，加紧搬迁大型工厂以及物资到台湾，永利铔厂也在搬迁计划之中。南京地下党工委负责人高骏特别指示永利铔厂党支部的同志：“形势对我们很有利，要尽可能通过合法的组织形式，组织职工开展护厂斗争。护厂的关键是人，只有保住了人，才能保住厂。”

随着形势的不断紧张，隐藏在永利铔厂的特务提出：“搬迁工厂是政府的命令，能搬的都要搬走，搬不动的要炸毁，不能给共产党留一粒米、一颗螺丝钉。谁要是反对搬迁，就是通匪。”根据中共南京市委的统一部署，铔厂党支部意识到当下的首要任务是要把工会、职员、厂行政三股力量凝结在一起。铔厂的中共党员李文范和中共秘密党员厂长李承干一起组织护厂“同人互助会”，以“职工

南京永利铔厂

团结、劳资合作，护厂保家、共渡难关”为宗旨，下设纠察、消防、交通运输、总务、疏散及医疗救护等机构，与国民党当局展开针锋相对的斗争，经过中共地下党的宣传发动，全厂职工同仇敌忾：“如果工厂迁走、炸毁，我们将无法生存，一定要保住工厂，人在铔厂在。”李承干也公开表示：“只要我在一天，工厂就不会搬迁。”全厂上下形成誓与铔厂共存亡的豪气，直冲云天！互助会下设多达400人的纠察队，昼夜站岗巡逻，以防国民党特务破坏工厂。

同时，国民党当局准备用“釜底抽薪”的办法来控制铔厂，借口向铔厂借用两千吨煤炭备用。互助会闻讯，立刻发动工人，一夜之间将两千吨煤炭挖坑掩藏，敌人前来检查，见厂内无煤，只好作罢，空手而归。国民党当局一计不成，又生一计，1949年1月26日，国民党保安团纠集五六百人，从六合县城窜至铔厂西厂门，以借用2号码头过江为由，想要强行进厂，铔厂地下党支部看穿敌人阴

永利铔厂内部车间

谋，一边迅速集中护厂纠察队戴上袖章，加强巡逻，一边安排食堂给保安团送上包子、馒头稳住他们，还煞有其事地告诉他们：“厂里的坛坛罐罐都有毒气，你们不要乱跑。”保安团在此纠缠半天，阴谋不能得逞，只好灰溜溜地折回六合。

国民党反动当局对铔厂工人护厂的行为十分不满，怒斥其已经“赤化”了。国民党首都卫戍司令部命令水上警察局将铔厂的客轮、货轮及驳船全部集中到下关，由卫戍司令部船舶管理处管辖，企图切断工厂对外的运输线。

厂内有两位职工为国民党将领家属，他们也拒绝离开南京，反利用家庭关系多番周旋，重新启用被收编的船舶。各种生活用品陆续运进工厂，保证了职工的生活需要和护厂任务的完成。

如火如荼的护厂运动中，几股暗流也在涌动着。国民党保密局特务在厂内建立秘密潜伏组，搜集地下党活动情况，编造黑名单；大厂镇周围还驻扎败阵下来的“大褂子队”，时常前往铔厂骚扰。至 1949 年 2 月底，国民党已掌握铔厂所谓的 200 多名共产党员名单，意欲抓人并炸毁工厂。铔厂党支部一边陆续撤退十几名被敌人盯上的支委和党员，一边派人前去六合与解放区建立联系，请来武工队将“大褂子队”打垮，重重打压他们的气焰。

1949 年 4 月 21 日下午，解放军 35 军 104 师炮兵团带着毛泽东主席关于“对付永利铔厂守敌，只能诱至野外歼灭，不能强攻，不能硬打。如果毁坏了永利铔厂，就毁了半个南京城”的指示，占领了凤凰山。经短暂交战，下午 4 时，解放军进驻永利铔厂。

在中共地下党领导和工人阶级的配合下，铔厂最终不仅顺利完成了机器设备的回归，并且保住了工厂，在全体员工的欢迎下，解放军部队胜利进驻铔厂，永利铔厂迎来了它的新生。

1949 年 4 月 21 日下午 4 点，永利铔厂员工欢欣鼓舞庆祝铔厂解放

解放军从华北为铔厂运来焦炭

永利铔厂解放后，南京市首任市长刘伯承贯彻恢复发展生产的方针，从政府贷款、收购产品到调拨原料等方面支持铔厂复产，他竭尽所能、亲力亲为。

为解决资金问题，刘伯承从政府迅速贷给铔厂资金5000万元人民币，并以2100万元收购了厂存硫酸8000吨。资金问题解决后，铔厂还面临着原料不足等问题，其中最缺的就是焦炭，没有焦炭就没有制合成氨的原料气体（即半水煤气）。为解决这一问题，厂方派两名技术人员在驻厂工作组成员陪同下，直接向刘伯承汇报，技术人员提出调拨华北的井陉焦炭

◎小贴士

焦炭：焦炭是固体燃料的一种。由煤在约1000℃的高温条件下经干馏而获得。主要成分为固定碳，其次为灰分，所含挥发分和硫分均甚少，呈银灰色，具金属光泽，质硬而多孔。按用途不同，有冶金焦炭、铸造用焦和化工用焦三大类。按尺寸大小，又有块焦、碎焦和焦屑等之分。主要用于冶炼钢铁或其他金属，亦可用作制造水煤气、气化和化学工业等的原料。

一万吨以解燃眉之急，刘市长立即答应，并许可焦炭到厂后再付款。然而，那时津浦线淮河大桥尚未修复通车，刘市长又亲自与滕代远（时任军委铁道部部长）通电话，请滕代远安排在淮河大桥一通车，立即将万余吨井陉焦炭运到南京港（煤和焦炭等大批原料由铁路运到南京港，再由驳船转运到永利铔厂码头）。在刘伯承市长的亲自关怀下，从华北调拨来的一万余吨焦炭，装上淮河大桥修复后开出的第一趟列车直送南京港，使铔厂在停产四个月后重新开工，4 日后正式出货。

1949 年夏，毛泽东接见侯德榜时，寄语道："革命是我们的事业，工业建设要看你们的了，希望共同努力建设一个繁荣富强的新中国。"在党和政府的指导下，永利铔厂在 1949 年全年停产 179 天的情况下，仍生产出硫酸铔 17977 吨、合成氨 4945 吨、硫酸 14242 吨。

共产党和即将诞生的新中国对永利铔厂寄予了莫大的关怀。"永利铔厂等于半个南京城"回到人民手中的永利铔厂，广大员工热情高涨、加班加点多产产品。同时，为了解决资金问题，一方面，政府大力购买铔厂产品，使产、供、销恢复正常状态；另一方面，永利铔厂 2248 名职工同意从 1951 年 1 月起减去四分之一工资，为国分忧、节约开支，积极实施自救。减薪工作从 1951 年 1 月至 1952 年 6 月，核算总金额为 120 多万元。

五　中国民族化学工业之父——范旭东

1956 年 2 月，毛泽东在接见黄炎培时说：“讲到中国的民族工业，有四个人不能忘记：重工业不能忘了张之洞，轻纺工业不能忘了张謇，化学工业不能忘了范旭东，运输航运业不能忘了卢作孚。”其中被誉为“中国化学工业之父”的范旭东，就是南京永利化学工业公司铔厂（南京化学工业公司前身）的主要创始人。

永利铔厂创始人范旭东

范旭东（1883—1945），湖南省湘阴县人，原名源让。因他的哥哥范源濂早年参加革命活动，遭到清政府追捕，为了不拖累旭东弟弟，将其藏匿于海轮东渡日本。此后范旭东受梁启超资助，在日本京都帝国大学应用化学系就读，至 1910 年毕业回国。

1911 年辛亥革命爆发，范源濂任政府教育总长，提供范旭东由财政部公派去欧洲考察盐政工业的机会，范旭东利用所学，赴欧洲调研盐专卖法及制盐厂制盐设备。在英、法、德、比利时等国考察时，他经常受到外国人的冷嘲热讽，心中很难受。范旭东发现这些都和自己国家的羸弱以及工业的不发达密切相关。他说："中国今日若不知注重科学，中国工业有何希望。"因此他暗下决心，一定要自力更生创办和发展中国的民族工业，以此振兴中华。

范旭东从欧洲考察归来，以拳拳之心执着致力于兴办化工实业，苦心孤诣，坚忍不拔，精心筹建，于 1914 年在天津塘沽创办了中国第一家精盐公司。不久之后，公司所生产的精盐即畅销长江流域。

针对国内进口"洋碱"价格暴涨，坑害国人。为与洋碱抗衡，范旭东于 1924 年在天津塘沽创办近代中国最大的制碱厂——永利碱厂。事在人为，永利碱厂在 1926 年造出"红三角"牌纯碱，不但打破洋碱的一统天下，而且还在美国举办的万国博览会上得了金奖。

范旭东并未满足于永利碱厂的成功，他深知，酸和碱是化学工业的两个"翅膀"，决心要继续为祖国创办一座制酸厂。1929 年 1 月，范旭东给实业部打报告，提出了以 2000 万银元发展纯碱、硫酸、合成氨、硝酸等工业的计划。1930 年起，为了建设中国的硫酸产业，他再次向实业部提

天津永利制碱厂

出预算，希望财政拨出2000万银元，600万办碱厂、800万办硝酸厂、600万办硫酸厂。

1930年后，国民政府鉴于中国土地耕作数千年，单靠天然肥料不足增产之需，拟发展肥料工业，兴办化肥工厂，

◎**小贴士**

合成氨：合成氨指由氮和氢在高温高压和催化剂存在下直接合成的氨，为一种基本无机化工流程。现代化学工业中，氨是化肥工业和基本有机化工的主要原料。合成氨工业在20世纪初期形成，开始用氨合成炸药工业的原料，为战争服务，第一次世界大战结束后，转向为农业、工业服务。随着科学技术的发展，对氨的需要量日益增长。

并组建硫酸铵厂筹委会。国外商人闻讯，纷纷涌入争夺此项工程。英国卜内门公司和德国蔼奇公司联合向国民政府实业部呈报表示“以欧洲创办硫酸铵的经验，愿与中国政府合作组建中国氨气公司，并在中国兴建硫酸铵厂”。外商为了垄断中国化肥市场，又抛出一份所谓的工程计划和预算，并要求在 12 年内中国不得在长江以南再建新的硫酸铵厂，而且要求所建工厂的产品只能由卜内门和蔼奇两家公司包销。这样的无理要求和苛刻条件，犹如与虎谋皮，导致中外合作谈判破裂。

合成氨技术发明前，世界上都从智利购买硝石制造硝酸。第一次世界大战协约国封锁德国港口，中断硝石来源，迫使德国中断炸药生产，但又促使德国科学家哈伯发明了“空中的氮”的合成氨技术，缓解了德国炸药原料之急。鉴于合成氨既关民生，又连军工，且政府每年从英德进口化肥达 20 多万吨，支付外汇两千多万美元，“漏卮之巨，实堪惊人”。范旭东强烈意识到“酸碱是国家工业之命脉，一旦落入外国人之手，将贻害无穷……要振兴以农立国的中华，兴办氨酸工业，实是当务之急。”1933 年 11 月，克服了重重阻力，范旭东正式呈文国民政府备案承办硫酸铔厂并于 12 月在江苏大浦建立久大分厂，1934 年改组永利制碱公司为永利化学工业公司。1934 年 7 月，在六合县卸甲甸（今南京大厂镇）创办硫酸铵厂，即永利化学工业公司南京铔厂，简称永利铔厂。中国第一座化工厂就这样紧锣密鼓地开始动工兴建，设计能力为年产硫酸铵5万吨。1937年2月5日，永利铔厂投料生产，一次成功，生产出了中国第一批硫酸铵和第一包化肥。硫酸铵可以生产硝酸，制造炸药。当时国事已剑拔弩张，消息发布，国人为之一振。范旭东在日记中写道：“列强争雄之合成氨高压工业，在中华于焉实现矣。我国先有纯碱、烧碱，这只能说有了一翼；现在又有合成氨、硫酸、硝酸，才算有了另一翼。有了两翼，我国化学工业就可以展翅腾飞了。”

1936年，永利铔厂建厂时，范旭东提出“我们在原则上绝对地相信科学；我们自事业上及基地发展实业；我们在行动上宁愿牺牲个人顾全团体；我们在精神上以能服务社会为最大光荣”四大信条，激励着中国化学工业几代人，创造了一个又一个辉煌。

永利铔厂对军事、民用关系甚大，1937年全面抗战爆发后，日军多次威逼，提出“只要合作，即可保全”。范旭东断然拒绝，并提出“宁举丧，不受奠仪”，他为了民族大义，和工厂领导层发下誓言：“宁肯为工厂开追悼会，坚决不与侵略者合作。”

历经三次轰炸后，永利铔厂前后中弹87枚，厂区遭严重破坏，生产被迫停止。痛定思痛，范旭东指示侯德榜，整理重要图纸和易于装拆的机件转运武汉、四川，运不出去的图纸则付之一炬。

1938 年底，铔厂西迁到新辟的化工基地——四川五通桥老龙坝，进行重建。范旭东秉承着深厚的爱国情怀，与广大员工同舟共济，使得企业在后方逐步复兴。

就在抗战胜利前夕，范旭东开始积极筹划永利战后的复兴大计，也就是听起来激动人心的“十厂计划”。他计划在“停战 5 年之内，拟择西南西北原料丰富、农工业急待开发区域，添设硫酸铔厂 4 所，每年产量 50 万吨；纯碱厂两所，每年产量 12 万吨；炼焦厂 4 所，每年产量 24 万吨。所产焦炭专供碱厂和铔厂用，炼焦的副产品可以制成炸药、燃料及药品，以树立中国煤焦工业之基础。三种工业互相联系作用，就是基本化学工业。”

1945 年，抗战胜利了，民族工业却没有迎来理想的春天。范旭东和他的工厂面临着严峻的新形势：工厂需要接收、恢复，人员需要扩招，新设备需要添置……然而，复员没有钱，原料断绝，产品滞销。无奈的范旭东只得向国民党行政院求助，但行政院却一味推脱。范旭东气愤地说：“若不是为了富国强民，我才不受他们的扶持、欺压呢！要是我为享福，把永利、久大收拾收拾也够我享福几辈子的！”得不到必要的资金支持，永利的工厂像是断奶的婴儿，一切都无从谈起。遭受此番打击的范旭东，患上了急病，加之治疗不当，导致病情突变。1945 年 10 月 4 日，在四川重庆沙坪坝南园的狭小宿舍里，这位中国著名的实业家满怀遗憾地离开了人间。

范旭东先生在技术上不断提升，在市场上突出重围，使中国自己民族工业品牌打入国际市场，在民族工业振兴的道路上不断迈进，直至生命的最后一刻。得知范旭东病逝，毛泽东送了挽幛：“工业先导，功在中华。”周恩来、王若飞送了挽联：“奋斗垂卅载，独创永利久大，遗恨渤海留残业；和平正开始，方期协力建设，深痛中国失先生。”朱德、彭德怀致挽词：“民族工业悲痛丧失志斗士；经济战线仿佛犹闻海洋歌。”他们高度地评价了范旭东先生的

范旭东先生铜像

光辉一生。

现今，南京江北新区范旭东广场耸立着范旭东先生的全身铜塑像，先生佩戴一副圆圆的眼镜，神态安详，目光睿智，黑色大理石基座上镌刻着金字“1883—1945 范旭东，侯德榜敬题”。铜像背后刻有由南京沿江工业开发区和中国石化集团南京化学工业公司共同撰写的铭文——《范旭东先生铜像重立记》。这尊铜像建造于范先生诞辰 120 周年之际，像高 6.2 米，寓意先生 62 岁，连同基座高 10.24 米，寓意先生生辰为 10 月 24 日。这尊铜像是人们永远纪念这位著名的民族实业家、永利铔厂创始人范旭东先生的见证。

虽然范旭东先生 62 岁溘然长逝，但他为振兴中国民族工业做出了的卓越贡献。临终前，他仍不忘事业，床头叠放着建设 10 大化工厂的规划图纸，并嘱咐全体职工：“齐心齐德，努力前进！”

六 中国制碱第一人——侯德榜

1862年，比利时化学家索尔维实现了氨碱法的工业化。这种新方法能连续生产，产量大，成本低廉，掌握索尔维制碱法的资本家为了独享这项技术成果，采取了严格的保密措施。一些专家想探索此项技术的秘密，均以失败告终。然而，这秘密竟被一个中国人揭开了。

侯德榜

这个人就是侯德榜，他1890年8月9日出生于福建省闽侯县，自幼半耕半读，勤奋好学。在姑妈资助下，他1906年毕业于福州教会学校英华书院。之后，他被保送到上海闽皖铁路学堂学习，在英资津浦铁路符离集车站当工程练习生。不久，他考入北京清华留美预备学堂（清华大学前身）。

3年后，年仅23岁的侯德榜便以十门功课总分一千分的特佳成绩，被保送进美国麻省理工学院化工科学习。1917年获学士学位。之后再入普拉特专科学院学习制革，1918年获制革化学师文凭。同年又入哥伦比亚大学研究院研究制革，1919年获硕士学位，1921年获博士学位。博士论文《铁盐鞣革》被《美国制革化学师协会会刊》全文发表，成为制革界至今广为引用的经典文献之一。

1921年，侯德榜接受永利制碱公司总经理范旭东的邀聘，离美回国，承担起重建碱厂的技术重任。通过不断摸索和埋头钻研，1926年8月，永利制碱公司生产的"红三角"牌纯碱在美国费城万国博览会上，被授予金质奖章。侯德榜把制碱法的全部技术和自己的实践经验用英文写成专著《纯碱制造》一书，1933年在纽约出版，让世界各国人民共享自己历经艰辛积累的经验，不仅在学术界和工业界产生了深远影响，也赢得了尊敬。范旭东评价说："侯博士的著作现在风行各国，给全人类打开了制碱工程的秘

◎小贴士

纯碱：碳酸钠（Na_2CO_3），分子量105.99。化学品的纯度多在99.5%以上，又叫纯碱，但分类属于盐，不属于碱。国际贸易中又名苏打或碱灰。它是一种重要的有机化工原料，主要用于平板玻璃、玻璃制品和陶瓷釉的生产。还广泛用于生活洗涤、酸类中和以及食品加工等。

境，比起索尔维氏的闭境自守来，侯博士的气度崇高，尤其值得赞扬。”美国人称《纯碱制造》是“中国化学家对世界文明所做出的重大贡献”。为表彰侯德榜的功绩，中国工程师学会在1935年将第一块金牌颁给了他。

随着碱厂的逐步稳定，永利公司范旭东等开始筹划创办硫酸铔厂，打破国外的技术和产品垄断。1934年，范旭东改组永利制碱公司为永利化学工业公司，任命侯德榜为公司的总工程师兼铔厂厂长，全面负责铔厂筹建工作。侯德榜亲赴株洲、马鞍山、上海、南京等地反复勘察，最终选定六合卸甲甸为铔厂厂址。他还率技术人员赴美进行铔厂的设计、采购和培训工作。当时国内基础薄弱，公司财力有限，建厂难度极大，他却知难而上。他按照“优质、快速、廉价、爱国”的原则，决定从国外引进关键性的技术，招标委托部分重要的设计，选购设备，选聘外国专家。他不辞辛苦，精益求精，抱病坚持工作，甚至错过了母亲的葬期。

1936年初春，侯德榜不负范旭东所托，顺利完成前期工作，回国主持南京永利铔厂的安装工程。他对每一项工程的进展都要求很高、很严并以身作则，白天在施工现场解决问题、指挥安装，晚间审阅图纸、制定计划、处理公事函件。1936年冬季，永利铔厂工程已进入全面验收和各种设备的单体试车阶段。侯德榜亲临现场指导各级技术人员，在验收过程中逐一仔细检查设备、管线、电机、阀门，以至每一颗螺丝钉，并严格考核每一个上岗人员对工艺指标、设备性能、操作要点、维护保养守则等的掌握情况。

1937 年春，南京永利铔厂作为当时规模宏大、工艺设备先进的亚洲第一流现代化联合化工厂正式建成开工。2 月，第一批硝酸铵顺利生产，中国第一包肥田粉由此诞生。为了庆祝铔厂顺利开工，侯德榜在团山私邸设宴欢迎各国专家，即席发言：“中国在 10 年前搞成纯碱工业，这是化学工业的一翼，而今在全体永利同人的努力下，又得到各国专家的协助，永利的合成氨、硫酸、硝酸工业也创建成功，化学工业的另一翼也凌空扑动。现在有了酸、碱两翼，发展中国化学工业，再也不会受基本原料缺乏的苦了。谢谢各位的协助。”范旭东高度评价侯德榜：“整个工程系统，由彼一人主持，这是人所共知的。”

1937 年 7 月 7 日，全面抗战爆发，当时刚建成的永利铔厂投产仅几个月。在这危急关头，侯德榜在范旭东的授意下，毅然决然接受任务，率领全厂员工在永利铔厂制造炸药原料、军用铁锹和飞机尾翼等军需品，支援抗战，一直坚持到日军逼近南京，工厂被日军炸毁，无法继续生产为止。由于局势日益危急，侯德榜遵照指示，整理重要图纸、资料、物资，转运四川；凡能拆的仪表、机件、工具都分批运走；厂里的主要技术人员和技术工人随厂西撤，另图建树。

侯德榜（右）和范旭东在重庆

1945年10月，在永利公司战后复建工作即将展开时，永利公司总经理范旭东却溘然病逝。听到范旭东逝世的噩耗，侯德榜悲痛欲绝，心似灌铅，在敬挽的素幛上写着“此痛岂能言，廿六年勠力同心，大业初成兄竟去；其谋堪大用，一百日倦飞赍志，长材凋谢我何依。”范旭东死后，“永久黄”团体如失重心，侯德榜受永利董事会推荐继任总经理。他奔赴沽、宁两厂，主持两厂的接收与复产工作。碱厂、铔厂经历敌人八年的摧残，早已面目全非，设备严重损坏，千疮百孔。侯德榜向全体同仁发出呼吁，要大家以后死者的肩头代替故总经理的巨手，“齐心合德，克服种种困难，努力把事业推向前进”。侯德榜与职工一道，不分昼夜，减薪苦干。

1946年2月，塘沽碱厂复工产碱。1946年8月，永利铔厂也顺利复工生产。但在接收永利铔厂时，他发现硝酸厂只剩空楼一座，所有硝酸设备被盗运至日本。侯德榜等立即向国民政府申请，要求前往日本拆运，物归原主。为此，他还在《大公报》发表《向日本拆回被劫去的硝酸装置》的文章，得到了社会舆论的支持。1947年7月，他亲赴日本，与盟军司令麦克·阿瑟当面多次交涉，并与远东经济委员会据理力争，最终得以成套归还。回国后，他放下一切事务，全力以赴，很快恢复了硝酸生产。

1945年起，经公司同意，侯德榜多次赴印度塔塔公司进行技术援助。1949年5月，也就是新中国成立前夕，侯德榜恰在印度，收到塘沽碱厂厂长佟翕然电报，说中共中央领导计划到天津永利碱厂视察，希望永利员工同人民政府合作，为新中国建设贡献力量，称"国家有大事情和他商量，并请他做。请侯先生赶快回华北来"。

幸而在各方有关人士协助下，侯德榜得以乘英国轮船北上，辗转经朝鲜仁川，历时近50天，于7月22日抵达天津塘沽新港，当即受到天津市党政负责人的热情接待，休息数日即乘火车赴北平（今北京）。

为欢迎侯德榜自海外归来，聂荣臻亲自前往正阳门火车站迎接。随后，周恩来也专程到东四七条胡同永利公司驻北平办事处看望侯德榜。

周恩来对永利公司颇有了解，早在抗战时期的大后方重庆，就同永利公司的创始人范旭东等有过接触，并曾授意地下党员龚饮冰用党的经费化名入股范旭东创建的建业银行。这次与侯德榜会面，周恩来称赞永利化学公司人才荟萃，是一个“技术篓子”，在新中国建设中是极其可贵的，公司需要侯德榜回来主持工作，新中国的建设事业需要他参与设计。

周恩来还邀请侯德榜参加将要召开的新政协，并说已请了他的同事李烛尘（久大精盐公司总经理）、李承干（永利公司协理兼铔厂厂长）两位参加。他们还谈到了新中国

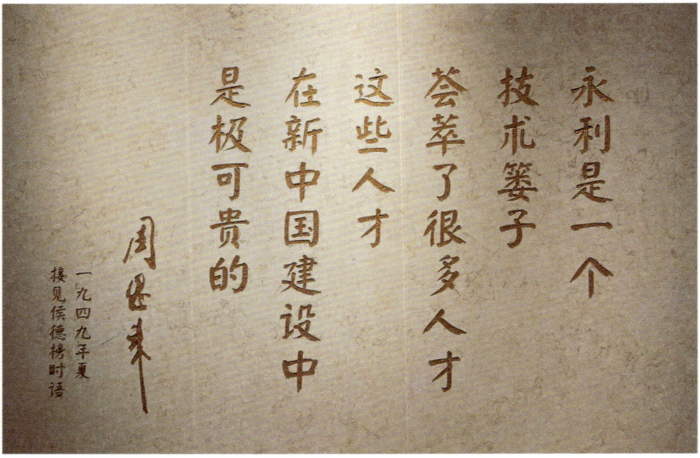

1949 年周恩来总理接见侯德榜时语

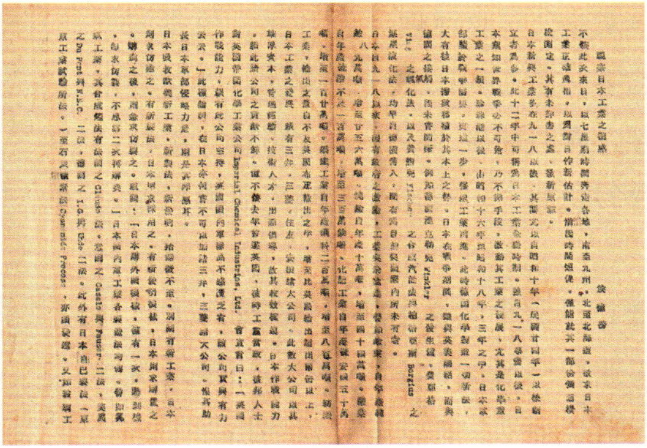
視察日本工業之觀感

侯德榜

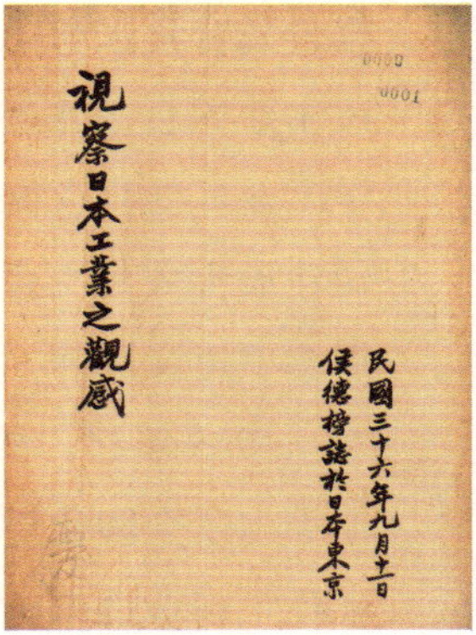
視察日本工業之觀感

民國三十六年九月十日

侯德榜誌於日本東京

侯德榜 1947 年对日本工业视察的报告

人民政府将帮助企业解决面临的经营困难问题。这次会见持续了两个半小时，侯德榜深受感动，决心加倍努力工作，报效祖国。

此后不久，也就是 8 月 5 日，侯德榜应邀第一次走进中南海，同中共中央领导人见面。毛泽东主席接见他时说：“革命是我们的事业，工业建设要看你们的了！希望共同努力建设一个繁荣富强的新中国。”

1949 年 9 月 21 日，中国人民政治协商会议第一届全体会议于中南海怀仁堂召开。在参加会议的名单中，侯德榜以中华全国第一次自然科学工作者代表大会筹备委员会代表身份出席，又一次走进中南海。

1950 年，侯德榜任中央财经委员会委员、重工业部技术顾问，当选为中华全国自然科学联合会副主席。1952 年任公私合营永利化学工业公司总经理。1953 年，他参加了民主建国会，并当选第一、二届民建中央常委。为发展化学工业，他日夜操劳，先后向中央领导人介绍过“永利公司建设十大化工企业的设想”，提出“复兴工业的意见”等多项建议。

1955 年起，侯德榜受聘中国科学院技术科学部委员，他参与了全国化学工业和科技事业的许多重要决策，领导了化工行业许多重大科技活动。在他的建议和指导下，对联合制碱新工艺继续进行补充和完善。1957 年，他正式加入中国共产党。

1958 年，侯德榜出任化学工业部副部长，当选为中国科学技术协会副主席。此时，他又提出了碳化法合成氨流程制碳酸氢铵化肥新工艺的设想，并亲自领导示范厂的设计、施工、试验和改进，1965 年获得成功。在各级政府大力支持和广大职工的共同努力下，陆续推广建厂 1000 多座，其产量长期占全国氮肥总产量一半以上，对我国农业发展作出了不可磨灭的贡献。此外，侯德榜在发展磷肥、农药、聚氯乙烯、化工机械、化工防腐，以及传播交流科学技术、培育科技人

侯德榜

才等方面，也作出了许多贡献。

侯德榜将一生奉献给了中国的化工事业，为中国，也为世界工业发展做出了卓越的贡献。他一生发表专著10部，科学论文70多篇，他治学严谨、坚持真理，为后人留下了宝贵的物质和精神财富。

1974年8月26日这位勤奋一生、功绩卓著的科学家在北京逝世，终年84岁。朱德、周恩来、叶剑英、郭沫若等领导同志送了花圈，聂荣臻代表中共中央和国务院出席了追悼会。侯德榜勤奋、创新和爱国的一生，一直在激励中国化学工业的后人们开拓进取。

七　中国工业用催化剂行业的开拓者——余祖熙

余祖熙，1914 年出生于福建莆田一个知识分子家庭，自幼受到良好的家庭教育，曾先后以第一名的成绩考入省立莆田初中和莆田高中。1933 年，他以优异成绩考入设在广州的中山大学化学工程系，1937 年毕业，获学士学位，同年参加了中国化学工程学会。大学毕业后，受父亲教育救国思想的影响，他决心改变家乡教育落后面貌，毅然放弃留在大城市工作的机会，返回故乡莆田县涵江中学任物理和化学教员。

余祖熙

七七事变后，全面抗战爆发，年轻的余祖熙受到很大震动，他深深认识到：“我们的国家工业太落后，科技太落后，落后就要挨打。”

因此下决心从教育救国转向实业救国、科技救国。1940 年，他捎着行囊，离开故乡到四川，进入重庆国民政府资源委员会资中酒精厂工作；1941 年转入四川内江酒精厂工作；1942 年转入永利化学工业公司川厂工作。抗日战争胜利后，余祖熙到永利化学工业公司南京铔厂任技师。

1950 年朝鲜战争爆发后，以美国为首的一些国家对中国采取全面经济封锁政策。当时国内最大的化工企业——永利化学工业公司生产硫酸用的钒催化剂和生产合成氨用的熔铁催化剂无法从国外进口，面临全面停产的威胁。为此，永利化学工业公司紧急向全国科技界发起“钒触媒的研究”论文征稿。余祖熙怀着高度的爱国热情和历史责任感，投入钒触媒研究工作。

一架旧天平、两只旧电炉改造的二氧化碳转化器、一桶废钒触媒……余祖熙带着助手在简陋的实验室里开始了研究，决心通过自己的双手和头脑发明出之前没有的东西。

◎小贴士

钒触媒：触媒是通过表面接触产生催化作用的催化剂，又称接触剂。钒触媒是钒催化剂的一种，通常含五氧化二钒（V_2O_5）5%—10%，这是具有催化活性的主要成分，有些钒触媒还含有氧化锡、氧化锑、氧化铁和氧化铝之类的物质。钒触媒有各种不同的规格，其颜色、形状和颗粒大小不尽相同。

探索之路充满艰辛，夜以继日地工作让使余祖熙得了非常严重的胃病，一次次失败也让助手们开始急躁。一年后，在第64次实验之后，余祖熙带领永利铔厂触媒部同仁首次试制成功了硫酸生产用的V1型催化剂。一年中，他完成了实验室样品制造，并写成《硫酸制造用钒触媒之研究》的论文，提出了工业化制造钒触媒的合理建议。该论文经侯德榜、曾昭抡、茅以升等组成的评选委员会严格评审，被评为一等奖。由于余祖熙在研究中充分考虑了中国资源情况，由他的小组于1952年制造出V1型（现名S101型）钒催化剂，经工业使用，性能优于从美国孟山都化学公司购进的钒催化剂，从而避免了当时中国硫酸工业和一大批相关工厂停产的危险。

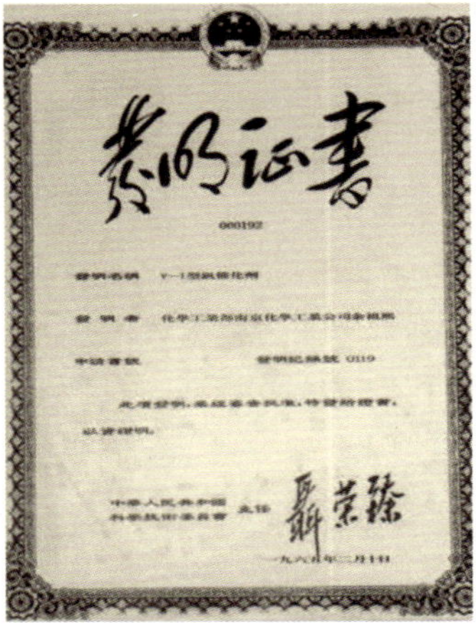

V1型催化剂发明证书

1952年，余祖熙领导、组建永利铔厂触媒车间，建成了中国第一套催化剂生产装置，成为了我国催化剂工业的奠基人。1956年，余祖熙加入中国共产党，同年当选“全国先进生产者”，受到毛主席、周总理的接见。

此后，余祖熙先后发明了氨合成催化剂、一氧化碳变换催化剂、萘氧化制邻苯二甲酸酐催化剂、苯酚加氢催化剂等多种系列催化剂产品，新开发的催化剂性能都达到了当时国际上同类型催化剂的先进水平，对中国60年代后加快发展硫酸、合成氨以及化肥工业，起到了重要的推动作用。其中苯酚加氢制环己醇和苯加氢制环己烷，进一步制造己内酰胺（锦纶–6）于60年代实现工业生产。至今，这一技术仍是中国生产己内酰胺的主要方法，为人民提供了大量锦纶类制品。

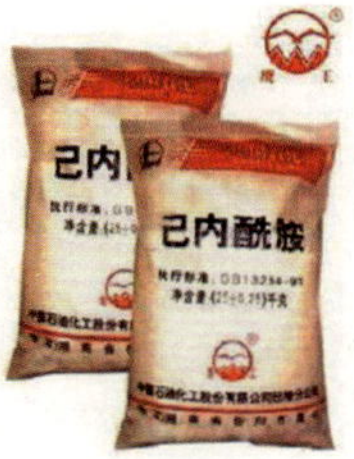

己内酰胺

为了总结催化剂的工业使用经验，余祖熙主编了《化

◎小贴士

催化剂：在化学反应里能改变反应物化学反应速率（提高或降低）而不改变化学平衡，且本身的质量和化学性质在化学反应前后都没有发生改变的物质叫催化剂（固体催化剂也叫触媒）。据统计，约有90%以上的工业过程中使用催化剂，如化工、石化、生化、环保等。催化剂种类繁多，按状态可分为液体催化剂和固体催化剂；按反应体系的相态分为均相催化剂和多相催化剂，均相催化剂有酸、碱、可溶性过渡金属化合物和过氧化物催化剂。催化剂在现代化学工业中占有极其重要的地位，例如，合成氨生产采用铁催化剂，硫酸生产采用钒催化剂，乙烯的聚合以及用丁二烯制橡胶等三大合成材料的生产中，都采用不同的催化剂。

钒催化剂

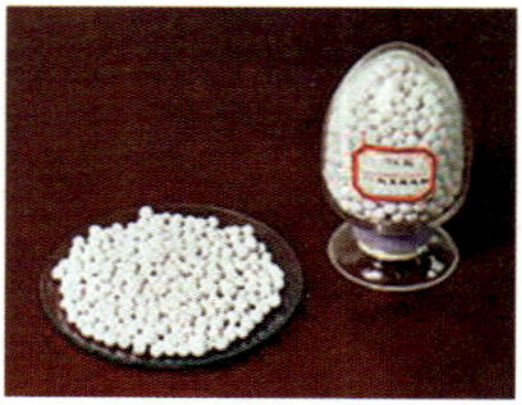
氨合成催化剂

肥催化剂使用技术》一书。同时，余祖熙培养了一批催化剂行业的专家和骨干。以余祖熙为起点典范，南化公司不断取得催化剂国产化的新突破，在甲醇合成催化剂、甲烷合成催化剂产品及中石化第一代煤制 SNG 催化剂等技术上始终保持领先。余祖熙一生为人谦逊，凡是自己没有参加具体工作的项目，上报成果时，都不把自己的名字列入。实际上，这些成果的取得，同他辛勤指导是分不开的。

50 年代初，余祖熙担任公私合营永利宁厂触媒车间主任期间，6 年内建立了 4 条催化剂生产线，包括沉淀、过滤、混合、干燥、活化、成型、浸渍、电熔等催化剂专业的典型化工单元操作，从常压至 30 兆帕的活性试电子显微镜验装置，高真空和固体宏观结构测定装置，以及 X 光衍射仪、电子显微镜、热重分析仪等大型精密测试仪器。以后，触媒车间又逐步发展成南京化学工业（集团）公司催化剂厂。1991 年，催化剂厂职工达 2000 人，有 6 个催化剂生产车间，14 条生产线和一个设计研究所，可以制造 25 个品种 50 多个型号的催化剂，产品销售到有关省、市、自治区，用户达到 1000 家以上，并出口到亚洲和欧洲的一些国家。如今，该厂已具有年产量近万吨催化剂的生产能力，成为江苏省化工系统第一个国家一级企业。全国大型化肥厂和中型化肥厂催化剂使用技术联络站都设在该厂。

一路走来，新中国催化剂工业发生了奇迹般的巨变，从零开始到跻身世界先进行列，留下了余祖熙的赫赫战功。

八　为祖国工业建设奋斗终身的李承干

李承干（1888—1959），湖南长沙人，1905 年以优异成绩考入湖南高等实业学堂，1906 年被张之洞选派去日本留学。在日本期间，与郭沫若、吴玉璋、成仿吾同期留学，并时有接触。后受孙中山革命思想影响，辛亥革命爆发时毅然辍学回国赴武昌投效黄兴军中，以尽微力，他深感“我国非推翻专制政体不足以致治，非振兴实业不足以图强”，因此，抱定实业救国思想，为祖国工业建设奋斗终身。

李承干

1927 年 3 月，李承干在金陵制造局，先后任工务科长、工务处长、厂长。1947 年 7 月，李承干以兵工署副署长身份赴美国进行工业考察，在纽约结识侯德榜，获侯德榜赏识，被聘请为永利公司协理兼永利铔厂厂长。1948 年 7 月 10 日，侯德榜与李承干由美飞沪，稍事休整，即赴南京永利铔厂任职。

对于和永利的缘分，李承干自己有过一段详细的叙述："远在民国十八年（1929），范故总经理即曾邀承干前去塘沽碱厂工作；其后，铔厂创办，又曾再三相邀，当时只因职位羁身，不能摆脱，两次辜负朋友盛意，至今尚觉歉然。抗战胜利来到，范先生遽尔逝世，侯先生又几次来谈，去年在纽约见面，亦常以此相商。直到最近傅厂长不幸病逝，敦促更亟，同时周董事长作民先生，与李董事烦麟（国钦）先生，亦多方力劝。承干对于永利团体，本极敬爱，与诸先生谈话后，更明了永利团体之前途，将趋向于事业社会化，而范先生手订之团体信条，已在此方面发生甚大之作用。盖无论股东与从业同仁，均能以'发展实业，服

◎**小贴士**

实业救国：中国近代民族资产阶级一些代表人物所宣扬的、以发展资本主义工商业（即实业）作为救国救民主要途径的方式。它在 19 世纪末提出，以张謇、康有为、梁启超等为主要代表。他们宣扬此论的同时，否定采取革命手段改变落后生产关系的必要性。实业泛指农、工、商、交通等。

务社会’为职志，必要时，且‘宁愿牺牲个人，顾全团体’。如此作风，事业焉得而不成。承干本人生平有一颗心，即永不为贪官、污吏、奸商、豪富作爪牙。1945 年，且曾向中国工程师学会提出‘工程师之气节’疑问，希望工程师以国家民族危前提，以大众福利为依归，勿沦为私人之牟利工具。此项主张，寓以为与永利团体之精神，颇相契合。兴念及此，乃不计体力之不支，才学之不适，决然接受侯总经理之聘任。”

顶住内外压力保护工厂

在錏厂任职期间，李承干素信“职位无贵贱，人格有高低”，他坚持奉公守法，不取巧、不敷衍、不自私、不苟且，生活俭朴，吃住和职工在一起，深得职工信任和爱戴。

1948 年在淮海战役开始前后，国民党政府遂布置南京各大工厂的迁厂工作，声称不能留下“资敌”，对各大工厂不断施加压力。永利錏厂地处江北，是民族工业中生产化肥、硫酸，拥有三千多员工的大厂。迁厂和反迁厂的斗争势在必发。当时，地下党支部委员李文范、张亮原是重庆机器厂的工人，他俩知道李承干在兵工系统是唯一没有加入国民党的高官，工人们对他颇有好感。而李文范前些日子在南京办事处劝说他回厂时，双方也有过良好的接触。

据此，李文范以工会常务理事身份向李承干探询对迁厂的态度。李厂长态度明朗地说："只要我在一天，就要维持一天，厂不能解散。"他还告诉李文范，他 10 月已筹款在无锡、南京等地采购一批粮食等生活必需品，正陆续运来作应急储备。还说为保护工厂，他打算筹建消防队、纠察队。11 月、12 月内李承干又采取两项措施：一是给每个员工发了相当于两个月薪资的安家费，要大家安置好家庭，以免后顾之忧，并在南京兑换一批银元在厂里存着（当时国民党金圆券贬值甚烈）以备与南京断绝交通后，给每个员工发几枚银元作临时津贴用；二是 12 月 13 日李承干召开由高级职员参加的行政会议，决定员工疏散家属只准 6 天假期，逾期不归以自动离职论处。决定一公布，送眷回家的人，大都按期回厂，职工队伍稳定下来，不迁厂的大局已定。

但当时的护厂工作，迫切需要一个合法和有权威的组织来领导和运作。为此，李承干召集有高级职员、产业工会、职员和工人代表参加的联席会议，会上经过热烈讨论，接受了工人代表张亮提出的意见，确定护厂组织的名称是"同人互助会"（简称"互助会"），其宗旨是"职工团结，劳资合作，护厂保家，共渡难关"。12 月 19 日"互助会"正式成立，李承干为名誉会长，刘玉泉为会长。互助会设两位总干事，由副技师长谢为杰（作家谢冰心之弟）和机电部老锻工张树芝担任。下设消防纠察、宣传报道、生产、工程、交通运输、总务等组（股）机构，调配了各组（股）的负责人员，并立即开展工作。如消防纠察组动员了一批员工参加厂区、住宅区昼夜值班巡逻；工程组抢修好厂区围墙上的电网等等。面对国民党“搬迁工厂，搬不动就炸毁，不给共产党留一粒米，一颗螺丝钉”的要求，李承干置个人安危于不顾，积极领导铔厂职工进行护厂保厂，为保护工厂迎接解放奠定了基础。

1949 年初，南京解放前夕，为保证工厂完好无损，保障全厂职工生活，李承干果断地指示停止生产，将剩余不多的煤，用于职工生活，用于发电以供工厂围墙电网。同时，积极组织职工开垦荒地种菜。在解放战争进入决战的关键时刻，他领导铔厂全体职工，挫败了厂内外反动势力破坏永利铔厂的阴谋，完整地保住了永利铔厂。

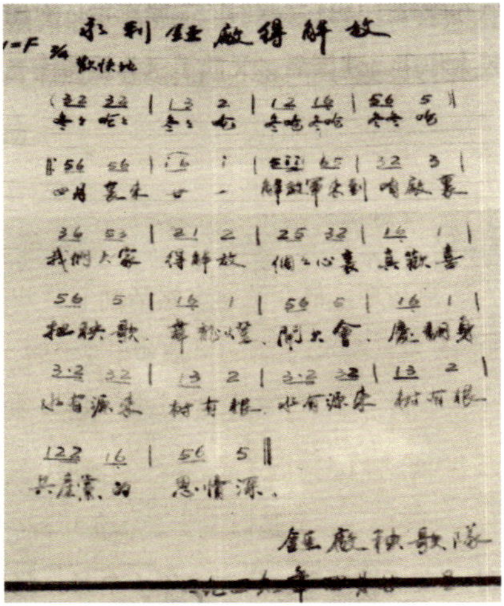
《永利铔厂得解放》手写曲谱

1949 年 1 月国民党封锁长江前，李承干去上海永利公司总管理处。护厂工作在“互助会”和厂方配合运作下，终于安然度过了一段“孤岛的日子”，在 1949 年 4 月 21 日下午迎来了解放军进厂。

李承干塑像（南化厂史陈列馆）

一座现代化工厂的设备、物资完整无损保住了，尤其是保留了近 300 人的科技队伍，这批人才为新中国化学工业发展和支援国防科技作出了贡献。1958 年周总理指名调姜圣阶（核能专家，中科院院士，曾任核工业部副部长、国家核安全局局长）到二机部，他就是铔厂保留下来一批科技人才中的佼佼者之一。

1949 年 9 月，建国前夕召开的中国人民政治协商会议第一次全体会议《重要文献》的名单中，在“自由职业界民主人士”一栏下，“李承干”大名赫然在目。李承干在政协担任“国旗国徽国都纪年方案”审查委员会委员，并当选为中国人民政治协商会议第一届委员会委员。10 月 1 日，李承干登上天安门城楼，与党和国家领导人一起参加了中华人民共和国开国大典。

1952 年李承干随永利公司总管理处迁居北京。1955 年 5 月永利公司总管理处撤销前，周恩来总理任命李承干为首任国家计量局（现国家技术质量监督总局前身）局长，此时他已 67 岁高龄。李承干在主管国家衡度基准、技术监测以及建立计量科学研究院等方面辛勤工作了 3 年多，于 1959 年 1 月 15 日在北京病逝，终年 71 岁。

九 1937 年春天那第一场“雪”——中国第一袋化肥在南京诞生

早在范旭东先生兴办天津塘沽碱厂大获成功后，便又在心中筹划发展硫酸、硝酸、合成氨的工业计划。当筹办永利硫酸铔（即肥田粉）厂的准备工作大体就绪后，1934 年 4 月，他即派在制碱工业上崭露头角的侯德榜工程师偕同侯敬思、张子丰、杨运珊、章怀西、许奎俊等技术人员，赴欧美物色设计单位和采购设备。

侯德榜及侯敬思、张子丰、章怀西、许奎俊、杨运珊等欧美考察于上海登程前合影（1934 年）

1934 年 4 月，侯德榜率领技术人员赴美国考察，与美国的杜邦公司及欧洲的化工商克劳德、卡塞尔、福赛耳等公司代表频频接触，寻找设计单位。有的公司觉得有机可乘，设计费索要 100 万美金。侯德榜力争花最少的钱，办出最好的事来，最后以 10.2 万美金与美国氮气工程公司签约，节省了巨额资金。

1935 年春，永利铔厂的设计工作告竣，机器设备构件，悉数运抵卸甲甸，工地上热火朝天，有当年从德国进口的循环压缩机，有从美国进口原料建造的硝酸吸收塔，三层楼的氮气制造工场和六层楼高的氮气储藏柜似乎在并肩比高，铔厂的码头栈桥和码头上的 125 吨起重机也在攒足劲

永利铔厂硫酸厂外景

儿比速度。终于在1936年底，经过全厂职工的艰苦努力，永利铔厂机器设备安装工程全部完成。

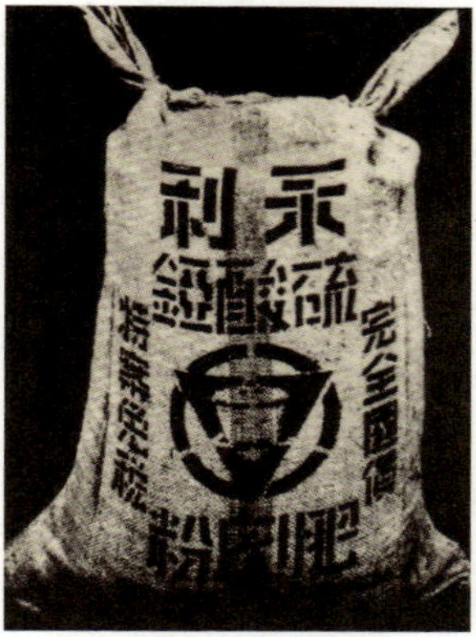

永利铔厂出厂的肥田粉

1937年1月26日，永利铔厂作为当时亚洲最大的化工厂，生产出第一批合格的硫酸；1月31日铔厂又生产出纯度高达99.9%的氨；2月5日，这是成功的第三跳：一次投料试车，技术人员将硫酸与水注入饱和器内，同时通入氨气、蒸汽，硫酸铵便结晶析出，再送入干燥机烘干，那晶莹透亮的粉状物便如漫天大雪纷纷扬扬。成功了！成功了！中国人自己制造的第一袋肥田粉（硫酸铵）问世了！这一刻，时间定格，中国民族化肥工业刻下了它的原点。

◎小贴士

硫酸铵：纯品为无色斜方晶体，工业品为白色至淡黄色结晶体，无气味。它是一种优良的氮肥（俗称肥田粉），适用于一般土壤和作物，能使枝叶生长旺盛，提高果实品质和产量，增强作物对灾害的抵抗能力，可作基肥、追肥和种肥，还可用于纺织、皮革、医药等方面。能与食盐进行复分解反应制造氯化铵，与硫酸铝作用生成铵明矾，与硼酸等一起制造耐火材料。

肥田粉问世之前，国内的化学肥料市场由英德控制，永利铔厂一度担忧肥田粉的销路，遂与广东、福建两省订立契约，由其承销铔厂的全部产品。一段时间之后，人们发现舶来品远渡重洋，风吹雨打，容易受潮；永利产品的含氮成分，较之舶来品多0.8%，实际使用效果更好，永利铔厂因此建立信誉，产品供不应求。自此，永利铔厂出产的肥田粉打破了英德对中国化肥市场的垄断，填补了中国化学工业的一项空白。永利铔厂作为当时国内罕见的化工联合企业，其生产技艺远远超出了20世纪30年代的中国整体工业水平。

永利铔厂煤气厂外景

从土建动工到产出中国第一包化肥，永利铔厂耗时三年又三个月。在当时，这是足以让国人骄傲和世界同行侧目的建设速度。首任厂长、中国著名化学家侯德榜面对列强阻挠，冲破封锁，花十万两千美金聘请美国氮气公司完成设计图纸，从德国引进高压机，从美国引进煤气炉、合成塔，还有些设备引自英国、荷兰。至今，我们无法追述，第一袋肥田粉诞生的那一瞬间，永利铔厂的工人是何等欢呼雀跃和心潮澎湃，他们抛洒的汗水、流下的泪水、绽放的笑容……这一切，如今都已湮灭在民族工业璀璨的星河。然而，历史不能忘记，第一包肥田粉的诞生，结束了中国因化学工业落后而任由列强宰割的历史。

十 用自己的力量 造中国第一台高压容器

1956 年 3 月，我国自主设计制造的首台高压容器竣工。参战技术人员和生产骨干们，围着这台设备照了一张“全家福”。如今，蓝天白云之下，中国第一台高压容器的 1 比 1 模型在南京化学工业公司傲然屹立着，似乎在向每一

第一台高压容器制造者“全家福”

位过路人诉说着当年建设者们自主创新的故事。

新中国成立时百废待兴，为迎接农业生产高潮的到来，国家要大力发展氮肥工业。一系列工程技术问题需要解决，其中最先要解决耐高温高压和抗腐蚀的反应设备的制造问题。旧中国基础薄弱，化肥厂所需的高压设备都依赖进口。新中国成立初期，美国等资本主义国家对中国实行经济封锁，此类设备被列入禁运清单。因此自力更生解决合成氨高压设备的制造成了新中国能否大规模发展氮肥工业的关键。

在没有设计图纸，没有精密检测仪，没有拉紧机、成图机等数不清的困难下，从来不信邪的永利人迎难而上，要坚决打破洋人对高压容器领域的垄断。1953 年 6 月，南京永利铔（宁）厂副厂长兼总工程师的姜圣阶本着主动为国分忧的爱国情怀，委托厂长冯伯华给当时的重工业部化工局局长张珍带去一封信，主动请缨出战，发出了“用自己的力量造中国第一台高压容器。我们不仅应该，而且一定能做到”的誓言。

◎**小贴士**

高压容器：设计压力大于或等于 1.6MPa，小于 10MPa 的压力容器。它在化工生产中应用极为广泛，如氨合成塔、尿素合成塔、铜洗塔、一氧化碳冷却塔等外壳均属高压容器。

姜圣阶

姜圣阶（1915—1992），黑龙江林甸人，化工与核工程专家，中国科学院院士。1926 年在家乡读完小学后，姜圣阶考入黑龙江省立第一师范学校。后考入天津河北工学院预科，一年后考入该院机电工程系本科学习。入学不久即发生九一八事变，姜圣阶与家人联系阻断，处境更为窘迫，这使他在青年时代就立志要通过个人奋斗，工业救国，因而学习更加勤奋。1936 年毕业获工学学士学位，并受聘于当时中国最大的民族化工企业——南京永利铔厂。

初入厂不久，姜圣阶即以其突出的工作成绩和虚心好学的精神受到英国工程师们的赞赏，由此而引起当时中国化工界的权威、厂长侯德榜先生的注意，成为侯先生的得意门生。1937 年底，永利铔厂被日军侵占。姜圣阶随同仁入川，筹建永利川厂，专事化工机械方面的工作。期间，姜圣阶参与了“侯氏制碱法”的完善和优化工作。抗战胜利后，姜圣阶和同仁重返南京，担任该厂关键部门——高压合成车间主任兼工程师。1947 年，姜圣阶被选派去美国纽约参加永利湘厂的设计，年底考入美国哥伦比亚大学研究生院攻读化学工程，三年后获科学硕士学位。他婉言谢绝了导师劝他留在美国从事科学研究的厚意，于 1950 年 9

月返回祖国，初任天津大学教授。不久，调任南京永利宁厂副厂长兼总工程师，为国家经济发展的首要任务——增产粮食而开拓化肥生产。

姜圣阶想要建造中国自己的高压容器的想法与重工业部不谋而合。他主持召开了上百次研讨会，汇集成百上千份资料，决定试制多层包扎式高压容器。当时，我国还不能制造厚钢板，满足不了高压容器生产的需求，他们就决定把多层薄钢板卷制贴合起来制造高压容器，这就是多层包扎式高压容器。

1955 年冬天，中国第一台高压容器试制工作开始了。这一天，坐落在长江岸边的永利宁厂机械分厂人头攒动。以姜圣阶为首的试制领导小组，在这里公开选拔参加首台高压容器试制的能工巧匠。

经过各专业的严格考试，一批优秀的技工人才脱颖而出，他们当中有铆工李玉柱，有焊工陈文俊、徐长志、周松富等等。周松富是南京六合人，时年 26 岁，是厂里最年轻的八级焊工。他

永利铔厂工人焊接多层式高压容器

们有的当过放牛娃，有的在旧中国的工厂被工头欺侮，有的历经坎坷……作为新中国的主人，他们充满了建设祖国的豪情。

按照设计，他们需要将21层薄钢板卷制焊接在一起，焊接完成后要和一块整钢板一样没有缺陷。试制工作是在化工机械装备非常紧缺的情况下开始的，困难重重：他们当时没有试制高压容器的专用检测设备——无损检测设备；没有压力试验设备——足够设计压力的水压机；没有足够设计能力的热处理设备；没有拉紧机；没有卷板机；没有高级焊条……

这项开创性的事业，牵动着上至国务院下至各协作工厂干部职工的心。大连化学厂不仅送来了无损检测设备，而且派专业技术人员协助工作；大冶钢厂送来了进口高压表；沈阳443厂制造了关键部件封头；华东航空学院送来了精密的检验仪器……

高压容器成品

时年 37 岁的工程师孙贻直，毕业于重庆中央大学，曾任国民党航空委员会第三飞机制造厂质量检验员，对机械制造颇有研究。解放前夕，他离开航空委，经厂长鲁波介绍，进入永利宁厂机器分厂。在总机械师指导下，孙贻直负责试制工作，初步掌握了制造技术，负责高压水泵等设备工具的设计审查核对和验算。

技术骨干们没日没夜地在厂里忙碌，解决各类问题。他们很多人家就在厂门外，百步之遥，却经常十天半个月没有回过家。姜圣阶更是熬红了眼、跑细了腿。他亲自动手进行应力计算，车间实验室两点一线，来回奔走。第一批焊接试件进行无损检测时，大连化学厂的王师傅说："姜总，我检测过无数的焊接件，像这样一点儿毛病都没有出现的，还真不多见。"姜圣阶深情地说："曾经有人问我，你为什么敢做这个高压容器，弄不好会炸死人的。我告诉他，我心里有数，这数，就是我有一批技术高超的工人！有他们为我撑腰，我不怕。"

1956 年 7 月 31 日，我国自行设计制造的第一台高压容器的爆破试验开始了。用于爆破试验的设备，直径 0.8 米，长 4 米，在当时已算是庞然大物。试验要求达到使用压力 320 千克力每平方厘米的 4 倍以上。化工部副部长张珍、永利宁厂厂长冯伯华、国务院第三办公室主任孙致远，参加了这次试验。

姜圣阶下令：“开始试验！”试验压力顺利越过320千克力每平方厘米，继续攀升。升到1000千克力每平方厘米时，压力表突然不动了，守在压力机旁盯着仪表的孙贻直紧张地喊出了声。1000千克力每平方厘米，还没有达到试验目标。姜圣阶和孙贻直冒着生命危险，走向充满巨大压力的高压容器。他们仔细检查，设备一切正常，又检查了水压机，处理了压力表的一个小故障。姜圣阶充满信心地说：“继续试验！”

压力表指向1265千克力每平方厘米，这是试验压力！“轰”的一声，巨大的压力将容器中部撕开一个近1米长的裂口，高压水柱喷向空中。成功了！消息上报国务院，周恩来总理亲自签名颁发奖状：“你厂试制成功第一台320公斤/平方公分高压容器，是我国自己解决高压设备的开端，也是我国机器制造工业技术上的一个巨大发展，这对于促进我国氮肥工业、有机合成化学工业和炼油工业的发展将起重大作用。为

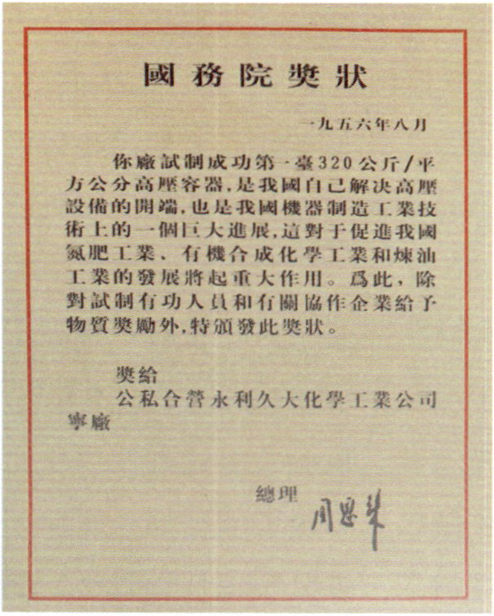

國務院奬狀

一九五六年八月

你廠試制成功第一臺320公斤/平方公分高壓容器，是我國自己解决高壓設備的開端，也是我國機器制造工業技術上的一個巨大進展，這對于促進我國氮肥工業、有機合成化學工業和煉油工業的發展將起重大作用。爲此，除對試制有功人員和有關協作企業給予物質奬勵外，特頒發此奬狀。

奬給

公私合營永利久大化學工業公司寧廠

總理 周恩來

周恩来总理签名的奖状

此，除对试制有功人员和有关协作企业给予物质奖励外，特颁发此奖状。奖给公私合营永利久大化学工业公司宁厂。”

为此，《人民日报》在当年10月25日发表题为《自己动手制造更多的工业设备》社论，对永利宁厂试制成功高压容器给予了高度评价，盛赞这是我国机器制造工业技术上的一个新成就。

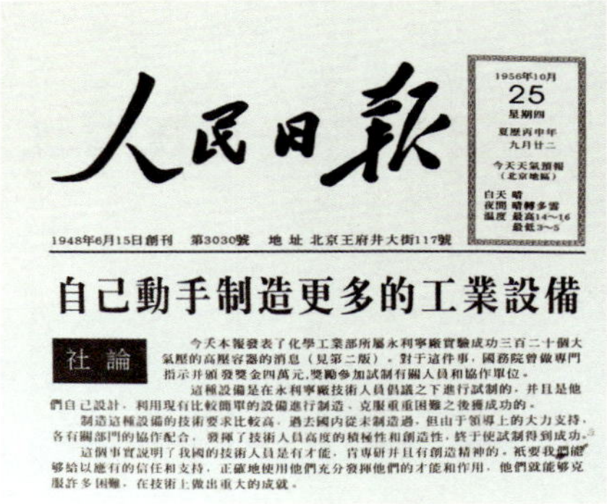
人民日報

1956年10月
25
星期四
夏歷丙申年
九月廿二
今天天氣預報
（北京地區）
白天 晴
夜間 晴轉多雲
溫度 最高14～16
最低3～5

1948年6月15日創刊 第3030號 地址 北京王府井大街117號

自己動手制造更多的工業設備

社論

今天本報發表了化學工業部所屬永利寧廠實驗成功三百二十個大氣壓的高壓容器的消息（見第二版）。對于這件事，國務院曾做專門指示并頒發獎金四萬元，獎勵參加試制有關人員和協作單位。

這種設備是在永利寧廠技術人員倡議之下進行試制的，并且是他們自己設計，利用現有比較簡單的設備進行制造，克服重重困難之後獲成功的。

制造這種設備的技術要求比較高，過去國內從未制造過，但由于領導上的大力支持，各有關部門的協作配合，發揮了技術人員高度的積極性和創造性，終于使試制得到成功。

這個事實說明了我國的技術人員是有才能，肯專研并且有創造精神的。祇要我們能够給以應有的信任和支持，正確地使用他們充分發揮他們的才能和作用，他們就能够克服許多困難，在技術上做出重大的成就。

1956年10月25日，《人民日报》社论《自己动手制造更多的工业设备》

1957年3月，我国自主设计制造的首台高压容器竣工。参战技术人员和生产骨干们，围着这台设备照了一张“全家福”。从此中国大地上，许许多多化工厂诸如上海吴泾、浙江衢州、湖北鄂西、广西河池等化工厂、化肥厂，都用上了国产化的高压容器。由永利宁厂铁工房里飞出的催化剂及高压容器这两只金凤凰，飞遍了祖国大地，传播着永利宁厂人神奇的故事。

十一 一台压缩机、百年工业抗争史

在中国的化学工业历史上，有一台“退役”的进口机器有着特殊的意义。这台巨大的机器今天依然矗立在当年企业位于南京的厂区门口，在太阳底下熠熠发光。作为曾是产出中国第一袋化肥（肥田粉）的关键设备，如今已经成为这家公司近百年发展历程的见证，同时它还见证了中国化学工业从无到有、从小到大的抗争史。

这是一台循环压缩机，1936 年购买自德国 BORSIG 公司，从 1936 年开始运行至 1987 年停止使用，为工厂服役了半个多世纪。它虽早已光荣“退役”，但由于保存完好，如今已经成为全世界唯一一件保存较完整的同类产品，即便是原厂家也再没有这样一台机器，其在工业史上意义重大。

一台已经被淘汰的机器设备为何受到如此重视？其背

循环压缩机实物雕塑

后还隐藏着哪些不为人知的故事？这还要从永利铔厂的筹建说起。20 世纪 30 年代，还是传统农业国的中国正处于水深火热之中。工业基础极其薄弱，可以说是白纸一张，尤其在化学工业领域。

◎小贴士

循环压缩机：压缩循环气体的压缩机用以将从反应塔出来的未参加化学反应的气体加压后再送入系统中去进行反应。例如合成氨生产中，送入合成塔中的氮气和氢气，不是一次能全部合成氨（一次仅合成百分之十几）。未合成的氮气和氢气需要循环，通过氮氢气循环压缩机，将它们加压到合成所需的压力后再和新鲜气体一起送人合成塔进行再次合成。

为了解决国防和农业困境，当时的国民政府意识到必须发展自己的化学工业，且非自行创设硫酸铔（“铔”即为“铵”之旧称）厂不可。考虑到此项工业技术要求高、资金筹措难，引进外资合作建设成为当时政府的首要选择。遗憾的是，在这一过程中，拟合作的英国、德国等公司提出了十分苛刻的条件，不仅要求政府对进口原料减税，还必须将硫酸铔厂产品交与外方在华代售，而且外方公司所索要的工厂设计费用亦十分昂贵。

无奈之下，当时的国民政府将国营硫酸铔厂事业交给永利碱业公司承办，并限于动工后两年半建成。在盐碱业摸爬滚打了20年的范旭东勇敢地承担起了这个国家任务，并任命中国近代史上另外一名著名爱国实业家侯德榜为总经理，全面负责工厂的筹建和管理工作。

在当时的中国，这个工厂的创建并非易事。化学工业涉及高温高压、易燃易爆、腐蚀性强、催化裂化等西方化学工艺，在当时世界上都是最新的技术，中国根本没有这一学科的基础。

侯德榜当时非常担心：“万一功亏一篑，使国人从此不敢再谈化学工业，则吾等成为中国之罪人矣！”因此，范旭东和侯德榜两人拿出了惊人的勇气和执行力，率领员工，选厂址、筑码头、购设备，装机器，终于在1937年1月，顺利实现第一批硫酸和液氨的生产，紧接着第一袋国产肥田粉也出世，打破了英、德等国的垄断，开创了中国化肥工业的先河。

更加值得称赞的是，在引进技术和采购设备时，范旭东和侯德榜就表现出了长远的眼光：对照当时国际上最先进的水平，为了解决永利铔厂技术来源，侯德榜亲率5名娴熟技术人员赴美与各国专家商定设计绘图合同，并赴各硫酸铔厂实地考察。设备更是选择美国、德国、英国等当时工业发达国家的最先进设备零件，而且为了节省成本，工厂并非购置整套装备，只购置关键部件，然后回厂自己组装。

当然，范旭东也是一位爱国的实业家，对侵略中国的日本有着非常大的抵触。史料记载，他曾告诉侯德榜："设计和采购不仅要优质、快速、廉价，还要补充一句：日本帝国主义侵占我国东北已经三年了，现在热河又陷入敌手，华北也岌岌可危。大敌当前，我们即使遇到优质的日本货也不应该要，决不能贪小利而失大义。"

新中国成立以后，永利铔厂为国家建设做出了极大的贡献。当工厂遇到资金困难时，永利铔厂2248名职工同意从1951年1月起减去四分之一工资为国分忧。抗美援朝中，永利铔厂实现增产节约26亿元（旧币），为抗美援朝战争捐献飞机1架、大炮1门，并将捐献的飞机大炮骄傲地命名为"铔厂工人号"。1958年至1965年期间，改名南京化学工业公司的主要产品氮肥、磷肥、催化剂、硫酸的产量分别占全国总产量的30%、40%、30%、30%，可见其重要性。

如今的南化公司，当年永利铔厂的实物遗产越来越少，但其留下的工业精神遗产则越来越深入人心。

范旭东先生在投身实业尤其在创设永利厂之时就志向远大、起点高新，要求设备先进、人才一流。硫酸、硝酸、肥田粉装置的关键设备都不惜成本从当时最先进的德国、美国、英国等海外公司购买。这些高质量的设备装置为成功投产，顺利运行发挥了重要作用。产出中国第一袋化肥的关键设备，被工人称为“大车”的第一台循环压缩机于1936年自德国BORSIG公司购得，这台压缩机正常运行长

保存完好的循环压缩机

达52年，现作为历史文物永久保存在了今天的南化公司生产区，以供人们观瞻。这台孤品存世的压缩机见证了中国化肥的发展历史，与永利铔厂员工同悲同喜。

近年来那件压缩机还有了新的插曲。前些年，德国BORSIG公司了解到这台80多年前出售给中国的设备仍保存完好，曾试图出高价购回该循环机，但永利铔厂后人却说，这台设备已成为不可移动文件，出再多的钱也不会出售。2000年末，南化人将它制作成名为“永利旧物”的实物雕塑放置在厂区的广场上作为永久性纪念，它与工厂现代化设备两相辉映，不断提醒着我们，既要铭记辉煌历史，更要铸就美好未来。

十二 承载着传奇故事的硝酸塔

中国石化南京化学工业公司厂区里，一座老硝酸塔已经伫立了近 80 多年。它像一座纪念碑，记录着中国化工业的兴衰沉浮，它沧桑的塔体上空无一字，却在悠长岁月中无声诉说着中国人民充满磨难又坚强不屈的抗日历史。

硝酸塔（南化厂史陈列馆）

1937 年初，南化公司前身，远东合成氨第一大厂——南京永利硫酸铔厂建成投产。从此，中国有了自己的合成氨工业，由国外引进的八台一组硝酸吸收塔，矗立在南京卸甲甸的长江边上，以氨氧化方式生产硝酸，中国硝酸的规模化生产从此开启。这套装置历经风霜，已经陪伴着中国化学工业走过了80多个年头。

20世纪30年代“酸”对中国有多么重要？1931年9月7日，永利铔厂的主要创办人范旭东在致政府的信函中概括酸为：“平和年代为农田肥料之源泉，一旦国有缓急则改造军火以效力于疆场。”范旭东先生的建言及永利铔厂的建成，最终使南京“大厂”成为国内农业和国防的重要支柱。南化公司硝酸塔记载下了这段奋起和抗争的历史。

1936年，永利铔厂从美国进口材料，开始建造硝酸塔。1937年，硝酸塔正式建成并投产，是当时亚洲生产规模最大的硝酸吸收塔。硝酸塔运行不到半年，全面抗战爆发。为使自己所创的民族化学工业不资敌，1937年，在日本人向永利铔厂狂轰滥炸的危急之时，范旭东指示侯德榜，组织人员整理重要图纸、易拆卸的关键设备西撤入川。遗憾的是，受形势所迫，巨大的硝酸塔未能及时拆卸并转运后方。

◎**小贴士**

硝酸：一种具有强氧化性、腐蚀性的强酸，属于一元无机强酸，是六大无机强酸之一，也是一种重要的化工原料。在工业上可用于制化肥、农药、炸药、染料、盐类等；在有机化学中，浓硝酸与浓硫酸的混合液是重要的硝化试剂，其水溶液俗称硝镪水或氨氮水。

1937 年建成时的硝酸生产装置

永利铔厂在当时有远东第一大厂之称，自然难以避免引起日本人的觊觎。沦陷时期，硝酸塔及其他留厂设备为日军所用。1942 年日本人又强行将生产硝酸的全套设备拆卸运走，安装在日本大牟田东洋高压株式会社横须工厂，用于军工生产。

1945 年 10 月 14 日，抗日战争胜利后，永利铔厂立即启动了索要全套硝酸生产设备的程序。但国民政府对向日本追还劫物表现消极，致使问题久悬不决。后来，全国工业界对敌要求赔偿委员会常务委员、工业复员协进委员会负责人李烛尘利用参议员身份向蒋介石当面交涉，并指出这套设备目前仍在日本使用。侯德榜也在《大公报》发表题为《向日本拆回被劫去的硝酸装置》的文章，呼吁“一定要日本归还与赔偿，即使是破铜烂铁也是有价值的，这些赔偿来的东西是我们八年流血换来的结果”，得到社会舆论的共鸣。在舆论的压力下，国民政府才准予了办理。1946 年 7 月，经过与驻日盟军总司令部的多次交涉，对方终于答复：“该项设备已经查明，并已命令日本政府妥为保管，准备交还，要永利派人赴日本处理。”

得到确切消息后，永利铔厂立即派谢为杰、鲁波、赵如晏在东京设立办事处，并赴大牟田进行实地考察，发现设备完好可用，但部分装置在日本使用期间已被损坏，是另配新件用上的，日方打算将新更换的配件拆卸后归还。永利驻东京办事处当即向盟军总部进行交涉，提出：第一，永利公司被日本劫去的设备是整套全新的，这一点可由日本占领期间《永利会社史志》的记载证明。日方另行装备的机件设备是更新，而非增设，归还应保持完整而可使用的水平。第二，化工生产的设备是一个整体，缺少任何一部分，都将使整套设备失去作用。远东委员会考虑到被劫物资的归还旨在补偿被害国的损失，这类化学工业设备必须整套归还，才有意义。同时，中国驻日代表团也将经过情形呈报外交部，以期在远东经济委员会上据理力争。

经过多次交涉后，盟军总部终于同意将现有全套硝酸

被劫的硝酸设备由“鄂海”轮运抵国内码头

设备归还原主，并下令日本政府，要求大牟田东洋高压株式会社两个月内将全套设备拆卸、包装。

设备拆运过程中，盟军总部决定在日本口岸交付。侯德榜认为：“失去的东西还要到盗贼的聚脏处去拉，这是不必要的义务，也是不合理的！”为此他又向盟军总部交涉，力争之下，改为“利用日本船只回空吨位，或者是分配中国使用的船只，担负永利硝酸设备归还的运输任务，目的地为上海。”设备运抵盟军总部码头清点时，我方发现设备中最贵重的铂金网被窃，办事处谢为杰、鲁波、赵如晏等人当即上告盟军总部，提请核实查处。后经多次交涉，盟军总部转敕日本政府负责照原规格制作新铂金网偿还。

1948年3月27日，除铂金网以外的1482件、重550吨的设备搭载“海鄂”号货轮先行返国，4月11日到达南京铔厂码头。1948年10月，直径1980毫米、重2.29公斤、价值4万美元的铂金网制成，空运到上海交货。至此，历经两年零八个月的艰难努力和交涉，被日本劫走的硝酸设备全部归还。

永利铔厂被劫硝酸设备索回后重新安装投入生产

硝酸吸收塔运回后，立即重新安装并投入生产，一直运行至2011年5月退役，创造了世界化工史上的奇迹。据南化人讲述，建厂初期，硝酸塔每个月只能产8至10吨稀硝酸，而到2011年5月停产时，因为技术进步，月产量已达到3万吨。硝酸吸收塔不仅仅是单纯的工业遗产，还见证了民族化工企业从无到有，历经劫难的奋斗历程；它更是抗战遗产，见证了日本法西斯主义对中国的残酷侵略和经济掠夺，蕴含着深刻的爱国主义精神。如今这座硝酸塔被南京市确定为不可移动文物永久保存，成为爱国主义教育的生动教材。

硝酸塔在南化生产线上一直运行到 2011 年

十三　最大的尿素合成塔在这里诞生

1958年，永利宁厂建设了我国第一个尿素中间试验车间。由于尿素生产过程中，介质对钢材有强烈的腐蚀作用，尿素关键设备——尿素合成塔内必须有耐腐蚀金属作衬里保护。受当时条件限制，永利宁厂机械分厂（即南化公司化机厂）采用双套筒结构，用铸造不锈钢内筒作防腐蚀衬里，试制成功国内第一台塔内直径为780毫米的尿素合成塔。

同年，化机厂又为北京化工实验厂制成年产1万吨合成氨装置的全套高压容器。6月，南京第二化机厂学习永利宁厂多层包扎式高压容器制造技术后，制成了直径为400毫米的多层包扎高压容器，1960年又成功地为年产2000吨合成氨的丹阳化肥厂制造了9台总重30余吨的高压容器，还为年产800吨型的合成氨厂生产了45台重约

1958 年 1 月，永利宁厂（原永利铔厂）与南京磷肥厂等单位合并组建南京化学工业公司

96 吨的高压容器。

60 年代初，南化公司化机厂双层合成塔试验获得成功，并正式投产，又继续开发年产 4 至 6 万吨合成氨厂的全套高压容器。1965 年先后试制成功直径为 800 毫米和 1000 毫米系列的带内置式余热回收器的氨合成塔，以及带中置式余热回收器的直径为 1000 毫米的合成塔。塔的外壳层板首次采用低合金高强度钢，降低了壳体的厚度，这是发展高压容器生产的一个重大技术进步。

1969 年起，南化公司化机厂开始批量制造年产 6 万吨氨的高压设备，并提供整套高压设备给山东鲁南、广西河池等 7 家化肥厂使用。

1979 年，国家根据引进大型化肥装置“消化吸收”取得的成绩与经验，决定由化工部组织国内力量设计制造一套年产 52 万吨尿素装置。南化公司化机厂承担其中四大高压关键设备之一的直径为 2.8 米的尿素合成塔制造任务。

这种大型尿素合成塔长36米、重320吨，时为世界上特大型的尿素高压设备。此设备当时全世界也只有五六家工厂能够制造，要小小化工机械厂啃下这块硬骨头，无异于“蚂蚁搬大山”，但是化工机械厂的工人们硬是凭借化工前辈范旭东、侯德榜培养的科学态度和大无畏精神，从1983年2月份起将两台直径2.8米的尿素合成塔先后投料制造，以“为国奉献，志在第一”的气魄，全厂员工顽强拼搏，奋勇登攀，终于在11月制造成功当属中国第一、世界之最的两台直径2.8米的尿素合成塔。1983年11月17日，国家副主席王震亲笔写来贺信：

秦仲达同志：

顷奉来信，谨祝化工部南京化学工业公司化工机械厂制造成年产52万吨的尿素合成塔，深表敬意。特请代一位前农业工作者转达贵厂工程技术专家和熟练工人同志和管理行政领导干部而为此致以中华人民共和国社会主义四化贡献之敬礼！

王震

一九八三年十一月十七日

注：秦仲达，时任化学工业部部长、党组书记。

早在 20 世纪 70 年代末，我国为了发展农业生产，便从国外引进部分大化肥设备，大干快上一批大化肥工程。南化公司化机厂厉兵秣马，跃跃欲试，投入了大量人力物力财力，消化吸收国外一系列先进的工程标准，自行设计、制造、组装了一批能按照国际标准制造大型高压设备的工装设备，包括 2500 吨水压机、400 吨滚轮架、直径 3.5 米层板包扎机、大型流板机等技术装备，并且将国外先进技术为我所用，融入中型尿素合成塔的制造过程中，精心施工，不断精益求精，历尽千辛万苦，终于研制成功直径 2.8 米尿素合成塔。

直径 2.8 米的尿素合成塔宛如钢铁巨人，横空出世，她标志着中国重大技术装备国产化的一次重大突破，她终结了中国大型高压强腐蚀化工设备完全依赖进口的历史。这一成果不但被江苏省列为当年五大成就之一，而且被《半月谈》杂志入选全国 40 项重大经济成就之列。此后，化机

20 世纪 80 年代的南京化学工业公司

南化化机厂制造的国内第一台直径 2.8 米的尿素合成塔发往浙江镇海石化总厂

厂兵不卸甲，再接再厉，又为宁夏化工厂制造了一台直径2.8米的尿素合成塔。1987 年，直径 2.8 米尿素合成塔和北京正负电子对撞机等 4 项重大成果获得国家嘉奖，合成塔名列榜首，1989 年又获国家科技进步一等奖。至此，南化化机厂已熟练掌握了按照世界上尿素生产的二氧化碳气提工艺和氨气气提工艺制造大中小型各种规格尿素高压设备的技术手段和能力，产品在世界享有盛誉。

十四　从化工摇篮到化工基地

1949年，周总理在看望侯德榜的时候曾说：“永利是一个技术篓子，荟萃了很多人才，这些人在新中国的建设中是很可贵的……”1949年4月21日，永利錏厂解放。1950年秋，侯德榜主动向人民政府申请公私合营。1952年6月，永利成立合营委员会，冯伯华担任合营后的南京永利錏厂公方代表兼厂长，永利錏厂改名为永利宁厂。1958年1月1日，正式更名为南京化学工业公司。

公私合营的南京化学工业公司迎来了蓬勃发展，先后创造了30多项“中国化工之最”，由一个仅生产四种化工产品的工厂发展成为一个特大型的化工联合企业，向社会提供了大量化肥、化工原料、化工机械、催化剂，为全国各地的化工企业培养输出了万余名管理技术人才，为我国化学工业发展做过不懈的努力，为新中国经济建设作出了不可磨灭的贡献。

20 世纪 50 年代的南京化学工业公司

开创多项化工之最　助力祖国经济建设

第一套催化剂生产装置

新中国成立后，以美国为首的一些西方国家对中国采取全面经济封锁政策，生产硫酸用的钒催化剂和生产合成氨用的熔铁催化剂无法进口，全国面临停产危险。1951 年，永利铔厂技师余祖熙带领触媒部同仁首次试制成功了硫酸生产用的 V1 型催化剂，攻克了我国硫酸工业生产的“卡脖子”问题。1952 年，余祖熙领导、组建永利铔厂触媒车间，建成了中国第一套催化剂生产装置，成为了我国催化剂工业的奠基人。1952 年永利宁厂开始大量生产这种催化剂，其性能达到当时国际先进水平，摆脱了因进口催化剂无来源而导致全面停产的困境，大长了中国人志气。该产品获得了聂荣臻元帅亲笔签发的《国家发明证书》。

第一台高压容器

1956年8月21日，永利宁厂根据世界上一种先进的、适合我国具体条件的制造方法——多层钢板包卷法，用一整块薄板包卷成圆形，一层层包紧再焊接，然后用厚钢板把两头堵上，制成多层高压容器。这标志我国能够自己制造全套中小型氨厂用容器。1957年月1月9日，永利宁厂隆重集会，庆祝试制成功高压容器，当时的化学工业部副部长梁膺庸代表国家将4万元奖金授予试制高压容器有功人员和协作单位。国务院总理周恩来高度评价高压容器的试制成功：“这是我国自己解决高压设备的开端，也是我国机器制造工业技术的一个巨大进展，对于促进我国氮肥工业、有机化学工业和炼油业的发展将起重大作用。”《人民日报》专门为此发表社论。这个高压容器制造出来后，可以为全国各化工单位提供大批高压容器设备，对化学工业和石油工业发展都起到极大的促进作用。

永利宁厂生产的硫酸钠

第一台大型硫酸沸腾炉

1955年底，永利宁厂的工程师陈东、黄以恪、周志强、韩定国等倡议组成试验小组开始了大型硫酸沸腾炉的研究，中央有关部门拨款大力支持这一试验。厂中心实验室、基建部门和第三车间等职工经过4个多月的反复试验、试车，不断改进设备上存在的缺陷，终于掌握了这项新技术，研制成功流态化焙烧炉。采用新式沸腾炉后，矿砂进入这种沸腾炉内后，依靠庞大的鼓风机通入的风力，形成“沸水翻滚式”的炽烈燃烧，很快就能把矿砂中的含硫烧出，生产能力比机械炉在同等面积下要提高20倍。1956年4月23日，永利宁厂开发成功硫铁矿沸腾炉焙烧技术取代回转炉（机械炉）焙烧技术。沸腾炉在硫酸工业上的应用，标志着我国硫酸生产技术正在迅速赶上当时的世界先进水平，是我国硫酸生产技术的重大革新。

50年代业余大学里，永利宁厂的工人工程师孙美华、徐克荣等在上课

三大化肥的投产有力地满足了新中国农业发展的急需

第一个五年计划期间，我国化肥非常缺乏。永利宁厂根据国家农业发展的急需，大力发展磷、钾、氮肥的建设

和生产。

1956年6月1日，我国第一座现代化的磷肥厂——国营南京磷肥厂在永利宁厂旁边正式动工兴建。新建的工厂规模宏大，生产过程中的自动化和机械化程度很高，这个厂的七号厂房高达13层，当时为南京最高的一座建筑物。这个工厂是由我国自行设计、制造，是一个全部机械化、主要生产过程自动化的工厂。1956年7月12日，我国第一座钾肥生产车间在永利宁厂动工兴建。这个车间一年生产的钾氮混合肥料，可供应100多万亩农田所需。这个车间的建成，为我国以后生产钾肥取得了经验，也为全国钾肥工厂的建设提供了技术经济资料，使全国钾肥生产有了更大的发展。

1958年9月30日，我国第一个生产高效化肥的尿素生产车间在永利宁厂竣工投产。自行设计、制造的中国第一套年产3000吨水溶液半循环法尿素中试装置，它的制作成功，奠定了我国尿素工业的基础。南化生产的氮

永利宁厂技术人员在做试验

肥、磷肥产品当时在全国化肥总产量中占有很大比重，有力地保证了我国农业发展的急需，支持了国家经济的发展，南化成为我国化学肥料的重要生产基地。

从容器制造之乡到化工机械制造基地

从 20 世纪 50 年代开始，南化不断为国家提供最新的技术、提供设备、提供人才，有力地支援了国家化学工业的建设。

1953 年 7 月，永利宁厂建成我国自行设计、规模最大、产量最高、年产 8 万吨硫酸生产新装置。1963 年开发了新产品硝酸磷肥，建成了一个年产 3000 吨碳化法硝酸磷肥的中试装置。1964 年还建成了国内第一套年产 1000 吨己内酰胺（锦纶 –6）的装置。20 世纪 90 年代初，我国第一套年产 5 万吨的大型己内酰胺工程奠基仪式在南化公司举行，1992 年 9 月 20 日建成投产。

1967 年 10 月，我国第一台年产 3 万吨的磷酸磷铵装置试制成功。这种肥料非常好，氮和磷的含量都很高，它适应多种土壤的需要，化工部组织有关人员进行了技术鉴定，认为这项技术革新是中国磷肥工业的一项重要成果。

1972 年，南化建成国内第一套工业规模的提氢提氩装置，通过这套装置提取的氢气可以做原料用，提取的氩气可为电

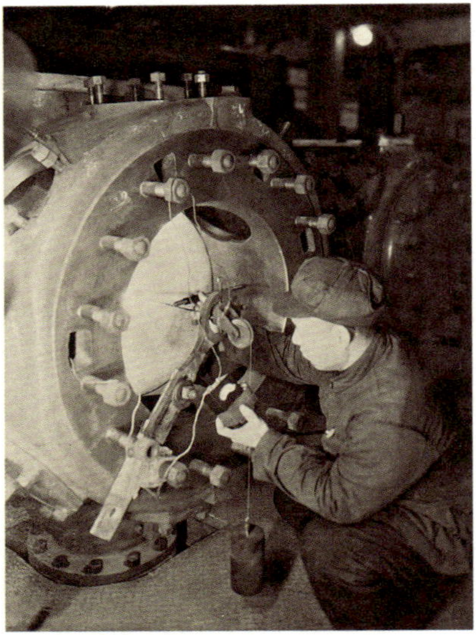
1953 年，用高能电表工作的先进经验之一

子、钢铁行业提供原料。

进入 20 世纪 80 年代，南化迎来了改革开放的新时期，我国第一台用钛材作衬里的直径 1.4 米尿素合成塔的制成，打破了世界上少数国家生产钛制尿素高压设备的垄断地位，还制成国内首批两台直径 1.25 米的尿素合成塔及中国首台乙烯裂解炉核心设备。

1995 年 6 月 19 日，国内首台 1.5 万吨每年顺酐装置流动床反应器制造成功。

1986 年 9 月 13 日，南化的化工机械厂获得了享有最高国际技术权威的 ASME 压力容器制造规范钢印和授权证书。这在全国制造行业是第一家，表明南化化工机械厂的生产技术和制造能力已经进入世界先进行列。

南化公司创造的科技成果，属于国家发明奖的有 8 项，国家科技进步奖 49 项，省、部级科技进步奖的有 162 项。公司取得的各项专利技术达 62 项。自 1979 年国家经委评选优质产品以来，南京化学工业公司先后荣获金牌奖章 5 枚，银牌奖章 9 枚，部优、省优 101 次，红三角商标的化

南化协助建设的扬子乙烯工程

工产品在国内外市场享有一定声誉。

经过 80 多年不同时期的发展，南化公司从中国化学工业的摇篮发展成为中国化学工业的基地，南化人为我国的化学工业的发展作出自己应有的贡献。

十五 独具特色的永利铔厂工业建筑

永利铔厂不仅在历史上做出了突出贡献，其建筑风格也值得称道，体现当时国内先进设计理念与设计手法。1934 年 7 月，永利铔厂的建厂工作正式开始，职工宿舍和厂房几乎同步动工建设。1935 年至 1949 年，永利铔厂先后在厂区和西厂门、南厂门附近围墙旁建有职工宿舍 7 个村，建筑面积共 34983 平方米，均是砖木结构的平房。

据 1937 年的一篇游记的描述：“永利铔厂工友宿舍的建筑俨如各地新建的平民住宅，一列一列的散布在田野中，房屋虽系平式，里面的设备、装置都极完整，尤其是整齐和清洁，使人不会想到是一批穿着蓝布工服脏得如烟囱里钻出来的工人的住所。在宿舍中央，有二所可容一千人的食堂。远远看去，虽不富丽堂皇，也算整洁精致。其中共分二列，一为单身宿舍，房屋内部购置，颇类近代式

永利铔厂职员宿舍（1937年）

大旅馆，屋中有一孔道，两旁房间对立，每室住一二人。每隔几个房间设有餐室、洗盥室、浴室的设备，都极美观。此外又有供职员消闲的娱乐室、图书阅览室等；一为有家室职员之宿舍，四周围以杨槐，花草点缀，颇似富家别墅，为现代式的家庭布置。”

永利铔厂的5栋办公楼，由民国时期最大的建筑设计公司基泰工程司负责设计，现存办公楼设计手法简练，采用四坡顶别墅式建筑布局作为办公使用，保留了中国传统建筑的风格。不同于民国时期较多出现的高层框架办公楼，永利铔厂办公楼的设计比较独特，它的建筑还没有完全西化，沿用了砖墙和大屋顶的传统特色。四坡顶的屋顶结构成本较高，一般在高等级的建筑中使用较多。

新中国成立后，作为南京地区最为重要的化工企业，永利铔厂持续扩大发展，它不仅仅在产品的生产销售上带动了整个区域组团的经济发展，职工居住区也围绕着工厂成型，逐步形成中小型城镇，在现在的西厂门附近，形成了南京大厂地区最为繁华的商业街区。1949 年后，随着生产的恢复和发展，职工生活条件得到进一步改善。至 1990 年末，南化职工家属宿舍已形成 31 个居民小区，计 743936.6 平方米。后来，一部分职工宿舍也被征作他用。始建于 1935 年“老三楼”职员单身宿舍，改为氮肥厂部办公室；南化四村平房单身宿舍，已拆掉 7 幢改建成氮肥厂节能浴室；南化十村转盘二排楼单身宿舍，改成南化（集

◎**小贴士**

工业遗产：是凡为工业活动所造建筑与结构、此类建筑与结构中所含工艺和工具以及这类建筑与结构所处城镇与景观、以及其所有其他物质和非物质表现，包括具有历史、技术、社会、建筑或科学价值的工业文化遗迹，这些遗迹含建筑、机械、厂房，生产作坊、工厂矿场、加工提炼遗址、仓库货栈，以及生产、转换和使用的场所，交通运输及其基础设施以及用于住所、宗教崇拜或教育等和工业相关的社会活动场所。

老三楼（始建于 1935 年，原为永利铔厂职工宿舍）

团）公司机关办公楼。2012 年 3 月，南京市政府把南化三村、南化六村等职工宿舍及相关老厂房，确定为南京市文物保护单位。

南化三村位于今天六合区南部大厂街道西厂门广场附近。始建于1935年,原为永利铔厂职工宿舍,人称“老三村”。1949 年后，南京化学工业公司在“老三村”对面建设新的职工宿舍，称为“新三村”。

1981 年，“老三村”和“新三村”合并称为“南化三村”。2009 年第三次全国文物普查成果显示，南化三村有 36 幢 404 套民国时期二层职工住宅小楼。这些职工住宅高 7 至 8 米，每套面积约 50 平方米，二层为装有老虎窗的阁楼设计。每间房子都有通往阁楼的楼梯，但由于空间比较

南化三村民国建筑现状

局促，楼梯都很陡，每级楼梯板宽约10厘米，只能安放半只脚。这些房子有些10套成一排，有些11套作一排，组成一个青砖黑瓦的民国建筑群。

南化六村位于六合区大厂街道凤凰路南侧，卸甲甸广场与西厂门广场之间，始建于1953年，为南京化学工业公司职工宿舍。虽建于1953年，但风格上大体沿袭了民国建筑的风格——青砖黑瓦的建筑风貌和略带中国传统民居的建筑特点。2009年第三次全国文物普查成果显示，南化六村共有9幢72套职工住宅。这批职工住宅皆为民国风格的联排别墅，每幢有4个单元，一共有36个单元小楼每单元又分为上下两层，上层的楼梯都与室外相连。这些青砖黑瓦的联排别墅，成排地连在一起，别有一番韵味和气势，很多民国题材的影视剧在这里取景，甚至有新人在这里拍摄婚纱照。

“五所洋房”位于南化氮肥厂区内，原为永利铔厂高级职员的住宅。其中，四栋建于1936年，1946年续建一栋，合称“五所洋房”，是永利铔厂的标志性建筑之一。五所洋房总面积1675平方米，当时耗资18.04万元。之所

永利铔厂专家宿舍（五所洋房）

以称为“洋房”，一是因其建筑风格中西合璧。二是因其建成后主要供外国专家居住。据了解，这5座洋房由民国最大的建筑设计公司基泰工程司负责设计，基泰工程司的主要合伙人关颂声、朱彬、杨廷宝均为当代著名建筑设计师。新中国成立后，一所、二所被作为氮肥厂招待所，以接待来厂考察的国内外贵宾。1969年，厂方对一所、二所进行翻建，投资4.2万元，翻建后招待所面积1401平方米。其他三所洋房则作为南化厂史陈列室，展出南化作为民族工业从

2004年，永利铔厂专家宿舍修缮后

西厂门炮楼

无到有的辉煌历程。2004年，南化70周年厂庆之际，对五所洋房中的一所、二所进行了复原性的整修，基本恢复了原貌，并对其他三所洋房也进行了相应的保护。

1937年12月南京沦陷后，永利铔厂被日军占领。为了“保卫”永利铔厂和监视工人，日军在工厂的东西南北四个厂门各设置了日式碉堡一座，碉堡近20米高，楼梯旋转而上，其内可吃、住、瞭望。现存的一座日式碉堡为圆柱形，半“镶嵌”在围墙上，墙里是南化集团的氮肥厂。离碉堡不远有一座用青砖砌成的炮楼，高约十几米，为立方体形，每一面上都有长方形的射孔和瞭望孔，底部还有小门可供进入。这一座碉堡和炮楼与铔厂其他文化遗产不同，它们不仅见证了铔厂在沦陷时期的痛苦经历，更是日本侵略者在南京大肆掠夺的铁证，具有重要的历史意义和文化价值。

根据规划，永利铔厂的工业记忆将刻入城市的发展脉络中。

十六　卸甲甸的两大运输通道——码头和铁路专用线

工厂厂址的选择犹如一个人的先天基因，对企业的发展产生着重大影响。能否自建深水码头，是当年永利铔厂建厂选址主要考虑的因素之一。化工设备庞大沉重，自国外用海轮船运回国后如何接卸，是不可回避的难题。

永利铔厂筹备组专家曾先后赴上海杨树浦、安徽马鞍山、湖南株洲、长沙、南京卸甲甸等处跋山涉水、实地勘察、专题讨论。《永利化学工业公司硫酸铔厂成立经过及概况》一文记载了最后定址南京卸甲甸的重要原因是："因为此项工业之机器特别笨重，如合成器竟重达一百多吨一件，其他六七十吨一件者甚多，该公司为此笨重之机件，即在卸甲甸运输便利，如厂址设在内地，则搬运此类笨重机件，不但耗时伤财，上游水浅，海轮不能直达，几为不可能之事，同时卸甲甸为国都水上交通之门户，三面环山适于工业建设。”另外，卸甲甸离津浦路干线仅25公里，水陆交通均较便利；此地地价便宜，征购方便；还有一个重要因素是卸甲甸地处长江拐弯处，水流湍急，不易淤积，属于天然良港，不仅有利于水路运输，而且有利于降低码头管理及疏浚成本。从1931年9月30日第一次去湖南湘潭等地考察算起，到1934年3月，历经前后5次出行考察，用时30个月，范旭东才将厂址最终选择在水陆交通均较便利的南京卸甲甸地区，自此创办了永利铔厂。

1934年3月26日，硫酸铔厂建设科正式在长江北汊划定了厂址范围。铔厂的前辈们在八步沟出口靠砖瓦窑边立了一根标有“硫酸铔厂”字样的厂界角桩，就在这根角桩不远的长江边，一座新的装卸码头开始兴建。

1934年3月底，1500多名工人昼夜施工，兴建了“一座全钢浮、全长76米，可供三个仓口同时装卸的码头。

1934年的永利铔厂码头

码头水深夏季为18.3米、冬季为13.7米，可停泊5000吨外洋大轮”。其后，为了运输百吨重的大合成塔，又在码头设立双杆百吨起重机和江边泵船，永利铔厂码头随即成为当时起重吨位最大的工业码头。1934年10月10日，从美国进口的105吨重的大合成塔，由外籍货轮运抵南京。

双杆百吨起重机

永利铔厂投产后，又陆续兴建了几座码头。1936年，由永利铔

◎小贴士

双杆百吨起重机：起重机是指在一定范围内垂直提升和水平搬运重物的多动作起重机械。又称天车，航吊，吊车。根据构造和性能的不同，起重机械一般可分为轻小型起重设备、桥式类型起重机械、臂架类型起重机和缆索式起重机四大类。1935年，一架由中国人自行设计、能吊装百余吨货物的起重机，被安装在南京永利铔厂的长江码头，它使得这里成为当时中国起重吨位最大的工业码头。10月，永利铔厂建设的一项核心装置“氨合成塔”由美国运达这里，百吨重的设备从起吊到安全落地只用了一个小时，可见当年中国工程技术人员对码头建筑和起重工程考虑之周密。

厂投资的关门桥码头建成，汽车、马车、牛车、人力运输货物至江边码头上船，经长江宝塔水道运输出去。1953年，永利宁厂和南京港务局共同出资兴建南厂门码头，并在关门桥码头建起候船室，每天有6班客轮往返于这两个码头。

如今，南化公司沿江岸线共设有15个码头，年总吞吐量约200万吨，占了整个南化公司年货物吞吐量的半壁江山。

新中国成立后，为了最大程度地满足运输的需要，除水运外，还专门开通了铁路专用线。1953年6月，南化铁路专用线建成通车，在津浦线浦镇车站出岔，跨三汊河，穿过南京长江大桥下面，平交大桥北路，然后沿长江而下，经南京钢铁厂、南京热电厂而至南化氮肥厂南厂门，全长12.2公里。铁路专用线的通车，使铁路运输成为工厂货物进出的主要渠道，铁路运输量占总运输量的70%，占厂内运输量的90%。当时车辆取送由铁路局机车承担。

1955年1月，MG21–199机车（该机车1976年报废）由衡阳铁路局调至南化专用，从此结束车辆进出由铁路局机车取送的历史。随着国民经济的发展，利用这条专用线作业的企业不断增加，1959年，与南化毗邻的南京钢铁厂、南京热电厂相继建立，这条专用线也成为重要的钢铁、化工、电力基地的动脉。同年12月，南化、南京钢铁厂、南京热电厂、浦镇车站共同组成站厂联合办公室，作为铁路运输业务的协作机构。1960 年 6 月，在联合办公室的基础上，成立卸甲甸地区铁路运输指挥部。同年 12 月 1 日，南化与南京铁路局正式签订《南化公司铁路专用线移交协议书》，以适应南京大厂地区工业发展需要。按照协议，将南化所属铁路专用线 0–9 公里的产权划归南京铁路局；确定以 9 公里止为线路分界点，9 公里以北为南化专用线，9 公里以南为南京铁路局支线。1982 年 4 月，南京钢铁厂支线在 9 公里 900 米处与南化正线平交，南京热电厂专用线仍在车站 5 道出岔，每年有 170 万吨烟煤在南化线路上过轨。1984 年至 1988 年，扬子石化公司基建期间的运输业务也由南化铁路专用线承担，根据南化与扬子石化公司协议确定：南化将磷肥 17 道末端 200 米，大货场货 5 道 350 米，大货场货 4 道北侧至围墙约 13000 平方米场地等设施

◎小贴士

铁路专用线：指由企业或者其他单位管理的与国家铁路或者其他铁路线路接轨的岔线。铁路专用线与专用铁路都是企业或者其他单位修建的主要为本企业内部运输服务的，两者所不同的是，专用铁路一般都自备动力，自备运输工具，在内部形成运输生产的一套系统的运输组织，而铁路专用线则仅仅是一条线，其长度一般不超过 30 公里，其运输动力使用的是与其相接轨的铁路的运力。到 2001 年底，我国现有铁路专用线 1300 多公里。

租借给扬子石化公司使用3年，年运输量达12万至18万吨。1988年1月，又与南京市联运公司联营，以解决临近企业搞活经济中的“运输难”问题，直到现在南化铁路专用线仍在使用之中。

十七 “红三角”——中国第一代硫酸铵的标志

花费160万银元，经过长达6年多的设备生产、安装、调试和产品试生产等几个主要环节的艰难奋斗，1922年8月13日，我国第一家民族制碱厂终于正式投入生产。我国乃至亚洲地区的第一批纯碱产品也随之宣告诞生。

当时，侯德榜与范旭东等合计为公司取了一个意义深远的名称“永利”。对这个企业名称有这样两层意思，第一，创办制碱工厂，前期已遭遇种种不利情况。因此，侯德榜估计今后在企业产品生产过程中，还会发生有这样、那样的众多问题，因此希望往后的制碱工作，能够永远顺利；第二，希望将来公司生产的纯碱产品不断发展，永久获利，并早日能够与洋碱同场竞技，最终将洋碱赶出中国市场。由“永远顺利”和“永久获利”两层寓意，组成了企业名称“永利”。

永利化学工业公司“红三角牌”

而产品商标取名为“红三角”牌，这主要是因为当时公司有三位主要领导，用“红三角”象征三位创办者大家今后团结一致，朝着一个共同的目标，奋勇向前。而“红三角”牌商标图样，则又与所生产的产品纯碱紧密相连。从“红三角”牌商标图样设计情况看，三位创始人所构思的商标基本圆形，是在一个烧杯（即做化学实验的烧杯）图案外，加上一个红色三角形。这个图样象征纯碱在生产工艺过程中，同时有气体、液体和固体三相的直接反应。总之，侯德榜他们设计使用的“红三角”牌商标，确实与制碱这一行业特征和产品生产过程紧密相连。这是我国近代商标发展史上，第一次由侯德榜在他研制的国货纯碱产品上使用商标。

侯德榜在国货纯碱生产方面取得成功后，却并不满足于只生产纯碱这种单一产品的状况。他要发展其他化工产品的生产，以便彻底摆脱西方国家对我国主要日用化工产品的长期封锁。那时，侯德榜曾经对公司范旭东等主要领导说过：“我们建成了制碱工业公司，生产出优质国货‘红三角’牌纯碱、烧碱，这在化工领域只能说已有了一只脚，但要完成在化工领域自由飞翔，全面发展还是远远不够的。

所以，要尽快发展其他有关化工产品，包括组建生产‘红三角’牌硫酸、硝酸等一系列拳头产品。这样才能说我们有了第二只脚，才能得到全面发展，才能最终使我国化工产品生产阔步向前，并走上世界化学工业的强国之路。”

1937 年 2 月 5 日，南京永利铔厂生产的中国第一包硫酸铵（肥田粉），用的也是“红三角”牌商标。此时的永利铔厂没有单独商标和广告宣传职权，使用的是永利化学工业公司的“红三角”牌商标。1951—1952 年，永利公司为所属永利铔厂向中央私营企业局申请“红三角”和“坩埚红三角”商标名称。1979 年，南化公司再次注册“红三角”商标时，商标图案有了新的变化。在继承了原永利铔厂老红三角商标意蕴精髓的同时，更加突出南化自然地理、产品、职工与历史发展特点，赋予了新的时代特色。

◎**小贴士**

商标注册：指商标所有人为了取得商标专用权，将其使用的商标，依照国家规定的注册条件、原则和程序，向国家知识产权局商标局提出注册申请，国家知识产权局商标局经过审核，准予注册的法律事实。只有经核准注册的商标，才受法律保护。商标注册原则是确定商标专用权的基本准则，不同的注册原则的选择，是各国立法者在这一个问题中对法律的确定性和法律的公正性二者关系进行权衡的结果。

永利化学工业公司（左）和南化公司的“红三角”牌商标（右）

新商标图样中的“NCIC”是南京化学工业公司的英文缩写，圆表示地球，水波表示长江，红三角表示有机、无机和化工机械三大类产品。三角为等边三角形，边长 79 毫米，表示 1979 年商标注册；圆直径 70 毫米，表示有 70 种产品，水波形状为 2 个“w”，表示南化有 25000 名职工。“NCIC”4 个字的总长度为 37 毫米，表示南化前身永利铔厂于 1937 年投产。三角为红色，圆和水波为蓝色，“NCIC”4 个字母为黑色。截至 1990 年，永利、南化公司先后向中央私营企业局（1952 年 1 月前）、中央工商行政管理局（1956 年 5 月前）、南京市工商行政管理局、中华人民共和国工商行政管理局累计申请注册 16 次，产品含无机化工、有机化工、机械制造、建筑材料等门类。

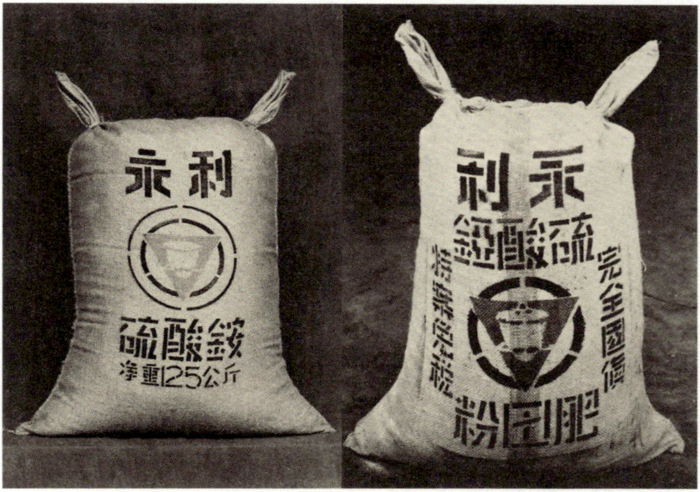

使用“红三角”注册商标的永利铔厂化肥产品

2007年，江苏省工商行政管理局按尼斯分类和商标注册证号升序排列，重新认定482件注册商标为江苏省著名商标，南化公司“红三角”商标继续获得江苏省著名商标称号，并排在第二位。如今，红三角商标已经成为南化人的精神图腾与文化印记，引领着南化公司的各类产品更上一层楼。

主要参考资料

陈嘉尚：《空军忠烈录》第一辑上册，空军总司令部情报署1959年11月编印

南京化学工业（集团）公司《南化志》编委会编：《南化志》，中华书局1994年版

李玉：《创业先驱——范旭东大传》，中国工商联合出版社1998年版

卢海鸣、杨新华主编：《南京民国建筑》，南京大学出版社2001年版

杨新华主编：《第三次全国文物普查南京重要新发现》，南京出版社2009年版

中国人民政治协商会议全国委员会文史资料研究委员会《文史资料选辑》编辑部编：《文史资料选辑（第27卷）》第80辑，中国文史出版社2009年版

戴逵贤：《中日空战记》，解放军出版社2015年版

全国政协文史和学习委员会编：《回忆范旭东》，中国文史出版社 2015 年版

贺云翱、蔡龙主编：《永利铔厂工业遗产》，江苏人民出版社 2017 年版

李承干：《敬告铔厂同人》，《海王》第 20 年第 33 期

章名皋：《浅析南化公司铁路专用线的改造》，《化工厂设计》1988 年第 8 期

南京市档案馆藏：《永利铔厂档案》，全宗号：1048

于峰：《六合小巷藏着侵华日军炮楼为日本在南京经济掳掠的铁证》，《金陵晚报》2012 年 8 月 14 日

程薇薇：《阎海文与永利铔厂》，《中国档案》2017 年第 5 期

后 记

古都南京，虎踞龙盘，山水城林，钟灵毓秀。长江北岸，国家级江北新区蓬勃发展，生机盎然。中国化工的摇篮——中国石化集团南京化学工业有限公司坐落其中。

南化公司前身是近代著名爱国实业家范旭东先生创办的永利化学工业公司铔厂，1934 年范旭东先生携著名化学家侯德榜先生选址南京卸甲甸，兴办永利化学工业公司铔厂，永利铔厂甫一建成，以其规模和一流的人才、技术令中外瞩目，时称“远东第一大厂”，开创了中国化学工业的新纪元。

从永利铔厂到中石化南化公司，80 多年创造了 35 项化学工业全国之最，被誉为中国化学工业的摇篮。今天，当我们来到中石化南京化学工业有限公司，再次重温毛泽东同志对范旭东先生的评价：“工业先导、功在中华。”草创时期的中国化学工业，从一开始就与中华民族的命运和前途紧紧相连，“绩业早惊环宇内，壮怀时在化工中。”高高耸立的硝酸塔现在已不再用于生产，它被南京市评定为不可移动文物，永久保存在南化公司厂区内。它向人们诉说着中国化学工业艰苦创业的故事。

永利铔厂在创业、发展的历史过程中留下了宝贵的建筑遗存、机器设备、档案资料、纪念设施等物质遗产，以及工艺流程、生产技能等非物质遗产。永利铔厂现存工业遗产包括1936年从德国BORSIG公司购进的用于生产“红三角”牌肥田粉的循环压缩机，连续工作了52年从未间断；1936年从美国进口原料建造的硝酸吸收塔及厂房，这座硝酸塔正常运转了近70年；五所洋房、南化六村9幢72套技术人员宿舍和南化三村36幢404套老虎窗式民国二层小楼工人住宅等。这些工业遗存为研究永利铔厂的决策、管理、生产等方面保留了珍贵的实物资料，见证了中国工业发展的历史与传奇，它不仅是一部爱国主义生动教材，更激励着一代又一代中国人为着强国之路而不懈奋斗。2018年1月永利化学工业公司铔厂被列入首批中国工业遗产名录。

本书在编写的过程中得到了中石化南化公司、南京市档案馆、江北新区档案馆、南京抗日航空烈士纪念馆等单位的支持，书中图片和档案资料均由以上单位提供，在此一并感谢。